PRINCIPIO ATTIVO

Inchieste e reportage

Soci: Gruppo editoriale Mauri Spagnol S.p.A.
Lorenzo Fazio (direttore editoriale)
Sandro Parenzo
Guido Roberto Vitale (con Paolonia Immobiliare S.p.A.)
Sede: corso Sempione, 2 – Milano

ISBN 978-88-3296-101-0

Prima edizione: settembre 2018

Fotocomposizione: Corpo4 Team - Milano

www.chiarelettere.it
BLOG / INTERVISTE / LIBRI IN USCITA

Nino Di Matteo
Saverio Lodato

Il patto sporco

chiarelettere

Sommario

IL PATTO SPORCO

Venticinque anni di solitudine e coraggio 5

Totò Riina chiama e Matteo Messina Denaro risponde 25

Trattavano di nascosto mentre in Italia si moriva 45

Io mi ricordo bene come andò 91

Questa storia la Corte d'assise di Palermo l'ha ricostruita così *di Nino Di Matteo* 123

Appendice

Lasciatecelo dire *di Saverio Lodato* 149

Vietato ai magistrati avvicinarsi alla verità 153

La pianta marcia del Quirinale 158

Quarant'anni di Stato-Mafia e Mafia-Stato 163

Il Nuovo Anno di un condannato a morte 184

Chi sono Loro? E chi siamo noi? 193

Nino Di Matteo non ci sta 199

Nino Di Matteo, che da solo scalò la montagna 202

E venne il Giorno del Giudizio 204

IL PATTO SPORCO

A mia moglie e ai miei figli e a tutti i giovani che,
nelle difficoltà e incertezze del presente, non smetteranno
di sognare un futuro di libertà e di giustizia.
N.D.M.

A Giuliano e a tutti i ragazzi della sua età
che cercano di capire questo mondo complicato.
S.L.

Venticinque anni di solitudine e coraggio

Dottor Di Matteo, venticinque anni di inchieste e di solitudine, di ricerca accanita della verità, di successi e momenti di amarezza, ma anche di isolamento e vita blindata. Un quarto di secolo, con la toga addosso, nell'Italia di oggi. Dall'età di trent'anni, a oggi che ne ha cinquantasette. Così è volata via metà della sua esistenza. Ma quando ha inizio l'incubo di una vita blindata giorno e notte?

Il primo servizio di scorta lo ebbi nel dicembre 1993, alla procura di Caltanissetta. Ero alle prime armi. Mi avevano assegnato un processo che riguardava la guerra in corso in quegli anni fra Cosa Nostra e la Stidda, nel territorio di Gela.

Cos'è la Stidda?

Un'organizzazione di tipo mafioso che fra la fine degli anni Ottanta e l'inizio del '90 si oppose al potere tradizionalmente incarnato, nel resto della Sicilia, solo da Cosa Nostra; formata, in parte consistente, anche da fuoriusciti di Cosa Nostra; e che con gli stessi metodi di intimidazione e violenza entrò in guerra, nei territori di Gela, Vittoria, Ragusa, di tutto l'agrigentino, proprio con la mafia tradizionale.

Cosa accadde?

Venne intercettata una telefonata fra due capi della Stidda. L'indomani dovevo andare da Caltanissetta a Gela, dove sostenevo l'accusa in un processo nell'aula del tribunale. I due capi stiddari parlavano del tragitto che ero solito fare quando mi recavo in udienza, osservando che organizzare un agguato poteva essere facile. Così mi trovai, da un giorno all'altro, a passare dalla vita normale dei primi tempi in cui ero in magistratura, alla presenza costante dei carabinieri che mi accompagnavano in ogni spostamento.

Quanti anni aveva?

Nel '93 avevo trentadue anni e non ero ancora sposato. All'inizio, e penso che sia un fatto umano, la protezione, in un certo senso, mi faceva anche piacere. Provavo un senso di maggiore sicurezza nel mio lavoro. E poi, perché no?, la scorta poteva essere vista come un riconoscimento dell'importanza del mio ruolo. Con il passare degli anni, però, questa situazione, invece di essere da me accettata, come sarebbe stato fisiologico, ha costituito un peso sempre maggiore.

Quando iniziò a fare il magistrato?

Avevo iniziato il tirocinio, che allora si chiamava uditorato, nell'agosto 1991. Lo avevo vissuto, da appassionato di vicende di mafia, negli uffici giudiziari più esposti, proprio quelli palermitani. La mia formazione coincise tragicamente con il periodo dell'attacco più violento della mafia alle istituzioni, ma soprattutto con le stragi di Capaci e via D'Amelio, che colpirono Giovanni Falcone, Francesca Morvillo, Paolo Borsellino, uomini e donne delle loro scorte.

Cosa rappresentavano per lei, giovane uditore giudiziario, Falcone e Borsellino?

Erano stati, fra gli altri, ma più degli altri, i miei punti di riferimento nella scelta di diventare magistrato. Finalmente avevo realizzato un sogno. Li avevo conosciuti. Ero orgoglioso di fare il tirocinio negli stessi uffici dove loro avevano lavorato e dove Paolo Borsellino continuava a lavorare. E in quegli stessi corridoi della procura di Palermo ho vissuto lo sgomento per gli attentati di Capaci e via D'Amelio.

Prima di andare a Caltanissetta, li aveva già conosciuti personalmente?

Sì, Falcone in maniera più superficiale. Ogni tanto, seppure fosse già in servizio al ministero della Giustizia a Roma, veniva a Palermo. Paolo Borsellino lo conobbi meglio perché lavorava come procuratore aggiunto a Palermo, proprio mentre facevo il tirocinio nello stesso ufficio giudiziario.

Cosa ricorda di loro?

La prima stretta di mano con Falcone rimarrà soprattutto un mio ricordo, legato a una grande emozione. Quella di stringere la mano a colui che era stato il punto di riferimento ideale del mio impegno per diventare magistrato. Accadde in occasione di una sua visita alla procura di Palermo, in cui gli vennero presentati i tirocinanti. Appena pochi giorni prima dell'omicidio di Salvo Lima, europarlamentare democristiano, il 12 marzo 1992. Il delitto che, come immediatamente percepì con preoccupazione proprio Falcone, avrebbe cambiato il corso dei rapporti fra il vertice di Cosa Nostra e l'apparato statuale. Stava iniziando la stagione delle bombe.

Vi scambiaste qualche parola?

Ci fu fra noi una stretta di mano, che per lui, certamente, fu soltanto formale, accompagnata anche da un bel sorriso e da un augurio di buon lavoro. Come ho detto, quell'incontro, per me, rappresentò un momento indimenticabile anche perché in quel periodo Falcone, pur essendo ormai lontano da Palermo, continuava a essere idealmente presente nei corridoi di quel Palazzo di giustizia.

Cosa ricorda, oltre alla stretta di mano?

Ricordo, da giovane tirocinante, le infinite discussioni che, anche in mia presenza, molti colleghi della direzione distrettuale antimafia di Palermo facevano sull'opportunità che Falcone assumesse l'incarico di procuratore nazionale antimafia. Ricordo nitidamente che molti di loro sostenevano che sarebbe stata una sventura. Anche quelli che dopo la morte si sarebbero dichiarati suoi amici e alleati.

Con quali argomenti?

Perché Falcone, secondo loro, lasciando Palermo per accettare l'incarico di direttore degli affari penali, aveva dimostrato di essere troppo vicino alla politica. In sostanza, lo accusavano di essersi venduto alla politica.

Torniamo ai suoi inizi. In meno di due anni, dall'agosto del '91 al dicembre del '93, lei entra in magistratura, stringe la mano a Falcone, ne avverte subito l'isolamento, conosce Borsellino, entrambi vengono assassinati. E lei si ritrova perseguitato dalla Stidda, sotto scorta, con una vita blindata. Realizza il suo sogno di occuparsi finalmente di mafia e si ritrova a Caltanissetta, a incarnare le stesse difficoltà di quelli che erano stati i suoi miti giovanili. È così?

La sua ricostruzione è precisa. Mi permetterei di aggiungere: come se tutto rientrasse in un destino già segnato.

In che senso?

Scelsi di andare alla procura di Caltanissetta il giorno prima dell'omicidio di Salvo Lima. E per un motivo assolutamente banale: volevo fare il pm. La mia posizione in graduatoria mi avrebbe consentito di scegliere i posti che erano a disposizione nella procura di Palermo. Ma poiché mio padre esercitava la funzione di avvocato in quello stesso Palazzo di giustizia, per problemi di compatibilità, dovevo scegliere una sede diversa. E scelsi Caltanissetta.

Perché proprio Caltanissetta?

Scelsi quella sede perché da poco erano state istituite le Direzioni distrettuali antimafia e, in prospettiva, lì avrei potuto fare un'esperienza da pm occupandomi proprio di indagini antimafia.

Una scelta la cui bontà sarebbe stata confermata dai fatti?

Dipende dai punti di vista. Uno scherzo del destino volle che, quando presentai domanda per Caltanissetta, nel marzo '92, quella fosse una sede relativamente tranquilla. Invece, quando presi possesso, nel settembre '92, era già diventata la sede che si occupava delle indagini sulle stragi di Capaci e via D'Amelio.

Dicevamo: il sogno che si trasforma troppo presto in incubo, dal momento che proprio allora inizia la sua vita blindata.

Mi riferivo, all'inizio, a proposito della scorta, all'aspetto rassicurante che ciò rappresentava per il riconoscimento del mio lavoro. Quello che ha finito con il pesare di più è il fatto che, nel tempo, queste misure di sicurezza si sono progressivamente intensificate, fino a giungere, negli ultimi cinque anni, al livello più alto mai concepito per un magistrato.

Quel primo giorno sotto scorta a Caltanissetta, ebbe mai il presentimento che non sarebbe più uscito dalla cattività di una vita blindata?

Sinceramente no. A quel tempo, pensavo alle misure di protezione come strettamente collegate alla vicenda dei due stiddari intercettati. La vivevo come una condizione destinata a chiudersi nel momento in cui fosse venuto meno quel pericolo, quel processo che mi vedeva impegnato contro la criminalità gelese. Non avevo la visione dell'ineluttabilità della condizione di scortato.

Se avesse saputo che il tunnel sarebbe durato venticinque anni, avrebbe avuto ripensamenti?

No. Non avrei avuto ripensamenti. Anche se, ancora oggi, sono tanti i momenti in cui mi tormenta una domanda semplice, che può assumere persino una valenza angosciante: se ne è valsa davvero la pena.

E cosa si risponde?

Posso dirle che mai ho avuto ripensamenti. Ho fatto quello che mi piaceva fare. L'ho fatto incorrendo in errori, affrontando momenti difficili, provando delusioni cocenti. Ma l'ho sempre fatto riuscendo a non subire i condizionamenti, interni ed esterni, che comunque non sono mancati.

Gli italiani sanno che lei è un magistrato sgradito al Potere, ma, nello stesso tempo, il più protetto. Come spiega questa apparente contraddizione del Potere nei suoi confronti?

Ho la consapevolezza di essere sgradito a una parte consistente e importante del Potere. Ma non a tutto il Potere. Peccherei di superficialità se pensassi una cosa del genere. Negli ultimi anni, quando il livello delle mie inchieste si è scontrato con settori importanti delle istituzioni, spesso, anche da quei settori, in mezzo a tanta ostilità, ho registrato attestati di stima e di appoggio.

Lei ha messo una pietra definitiva sulla possibilità di un futuro della sua vita in qualche modo normale?

Continuo a sperare, prima o poi, in una vita più normale, a costo di assumermi la responsabilità di scelte difficili. Continuerò a provare infinita gratitudine e stima per chi rischia la vita per me. Ma non mi rassegno a pensare a livelli di protezione così alti come a una condizione che mi accompagnerà per sempre.

Pensa di vivere in un futuro senza mafia e senza rapporti della mafia con lo Stato?

Non sono così ottimista. Penso però, in futuro, di riacquistare la condizione di uomo libero, anche convivendo con la consapevolezza del perdurare del rischio.

Lei crede che oggi lo Stato si assumerebbe questa responsabilità?

Il magistrato, la personalità scortata, non è un detenuto. È pur sempre padrone della sua vita e della sua libertà.

In tutti questi anni, come ha vissuto e reagito la sua famiglia?

Voglio parlarne anche se mi costa molto. La durata e la progressione nel tempo ha reso le misure di sicurezza particolarmente pesanti. E non solo per me, ma per tutta la mia famiglia. I miei figli hanno sempre vissuto con il padre sotto scorta. Non è stato facile. Neanche per me e soprattutto per mia moglie. Chi non vive queste situazioni non le può capire.

Come è riuscito a gestire, anche se la parola ha un che di burocratico, aspetti così fondamentali della sua vita privata?

L'aspetto della famiglia, per chi è sottoposto a misure di protezione così elevate, è quello più delicato. Ho la fortuna che mia moglie e i miei figli hanno condiviso il mio percorso di impegno, e mi hanno sostenuto. Non sono mancati, e non potevano mancare, momenti difficili.

Quali sono stati?

Tanti. Ne racconterò solo uno. C'è stato un momento che coincise con l'improvviso, ennesimo innalzamento del livello di protezione, nel 2013, quando i carabinieri della scorta, anche se uscivo per accompagnare i miei figli in un negozio, entravano con il mitra spianato. C'è stato un giorno che non dimenticherò mai in cui mia figlia, che allora aveva undici anni, ebbe una crisi di pianto irrefrenabile. Anche perché a scuola le chiedevano, come succede fra bambini, se era vero che suo padre sarebbe stato ucciso da un momento all'altro. E piangendo mi disse che voleva semplicemente un papà normale. In quel momento mia moglie non era in casa. Dentro di me assunsi la decisione, che sentivo giusta e dovuta, di scrivere immediatamente agli organismi competenti per rinunciare a ogni forma di protezione. E lo dissi a mia figlia per tranquillizzarla. Mio figlio, che aveva quindici anni, presente alla scena, ebbe una reazione forte e per me inaspettata. Telefonò ad amici e parenti e disse loro: convincete mio padre a non farlo, per favore, vuole rinunciare alla scorta, e io ho paura che lo ammazzino.

Questo solo per dire quanto, in certi momenti, sia emotivamente coinvolgente confrontarsi con sentimenti diversi di persone che hanno il tuo stesso sangue. Chi voleva il papà normale e chi temeva che la normalità del papà potesse diventare un ulteriore pericolo. Non è facile parlarne in pubblico. Se lo faccio è perché ritengo giusto che la gente sappia quali sono le umane difficoltà che anche lo scortato più protetto, inevitabilmente e quotidianamente, incontra.

Le capita mai di andare al cinema, al ristorante?

Qualche volta. Perché, nonostante l'apparato ingombrante che mi accompagna sempre, mi sono imposto una regola di vita: fare, nei limiti del possibile, quello che fanno le persone normali. Per constatare, poi, quanto sia diversa la reazione delle persone. Ci sono i soliti sguardi di quelli che sanno dimostrare soltanto fastidio, ma tante volte registro anche manifestazioni di solidarietà e vicinanza, accompagnate dalla sorpresa di vedermi fare qualcosa di normale. Altrimenti la daremmo vinta a chi vorrebbe chiudere le persone a rischio in un acquario dal quale non farle uscire mai più. Si perpetuerebbe all'infinito l'alibi di chi non sta né con la mafia né con l'antimafia, e sceglie di stare a guardare sia la mafia sia l'antimafia. L'alibi perfetto per non schierarsi mai.

Chi vuole la sua morte?

Mi faccia fare una premessa. La particolarità della mia situazione è data dalla impressionante molteplicità di fattori diversi.

Li elenchi.

Mi limiterò ai principali. Intanto, le intercettazioni di Totò Riina rappresentano un unicum rispetto alle altre minacce. Poi i dossier anonimi, pervenutimi persino a casa. Le dichiarazioni dei pentiti, molto particolareggiate, non solo sui tempi ma sui modi e sui motivi per cui mi devono uccidere. Sono agli atti e sono state ritenute attendibili da parte di molti giudici di tribunali diversi.

È anche la somma di questi fattori convergenti che ha fatto scattare l'allarme rosso?

Sì. Questo quadro sta dietro la reazione e la decisione dello Stato di intensificare al massimo il livello della mia protezione. E di mantenerlo tale per lungo tempo.

Lei sa che i suoi più accaniti denigratori anche su queste misure di protezione hanno da ridire?

Lo so bene. Ma a differenza di quello che possono pensare e hanno scritto giornalisti e opinionisti che partono da presupposti non veri, le istituzioni competenti hanno giudicato molto seria la mia esposizione al pericolo.

Qual è il grado della sua protezione?

Da più di cinque anni è stato disposto quello che in gergo burocratico viene definito: «primo livello di protezione eccezionale». Anche con l'impiego di uomini specializzati in interventi in teatri di guerra, dotati perciò di adeguato armamento.

L'ultima clamorosa conferma, in ordine di tempo, dell'esistenza di questo scenario è legata alle dichiarazioni del mafioso, oggi pentito, Vito Galatolo. Stiamo parlando di una delle famiglie mafiose più altolocate di Palermo, coinvolta a pieno titolo nella gran parte dei delitti eccellenti.

Lei ha mai interrogato Galatolo a proposito del progetto di attentato nei suoi confronti?

No. Non potevo perché sono parte in causa. Ma c'è un antefatto, che ho vissuto personalmente e che costituisce l'origine di tutti gli interrogatori ai quali Galatolo sarebbe poi stato sottoposto.

In altre parole, Galatolo è una sua vecchia conoscenza?

Oggi Galatolo è sotto protezione con l'intera famiglia fuori dalla Sicilia. E anche la commissione governativa che delibera i programmi di protezione lo ha sottoposto alle misure speciali. Ricordo come fosse ieri il primo incontro con lui, precedente l'inizio della sua collaborazione.

In quale occasione?

Nel novembre 2014 mi arrivò una lettera dal carcere di Parma, sezione 41 bis: «Il detenuto Galatolo Vito chiede urgentemente di essere sentito dalla Signoria Vostra per motivi di giustizia...».

La cosa mi stupì anche perché io, che mi ero occupato di lui almeno dieci anni prima, non avevo più seguito i processi per cui in quel momento era detenuto. Non capivo perché, fra tanti colleghi che continuavano a occuparsi di lui, volesse parlare proprio con me. Comunque andai a Parma, ovviamente non da solo, insieme a un ufficiale di polizia giudiziaria, il maresciallo della finanza Fabio Falletta. Un maresciallo – me lo lasci dire – del quale avevo già avuto modo di apprezzare professionalità e riservatezza. Alla sezione 41 bis del carcere di Parma, accesi il registratore. Galatolo era visibilmente nervoso: sudava, tremava. E inizialmente mise a verbale cose assolutamente non verosimili.

Si spieghi meglio.

Disse che si era sbagliato nel chiedere di parlare con me perché credeva che io fossi il pm del processo che lo vedeva imputato in quel momento. Ovviamente non ci credetti: ogni imputato sa benissimo chi è il suo accusatore. Quando stavo per andare via, la sua agitazione aumentò. Mi disse che se avessi nuovamente acceso il registratore se ne sarebbe andato e aggiunse: «Se mio padre sapesse quello che sto per fare ne morirebbe subito». Il riferimento era a suo padre, Vincenzo Galatolo, uno di quelli condannati all'ergastolo, fra l'altro, per avere ucciso il generale Carlo Alberto dalla Chiesa e organizzato in prima persona la strage in cui morì il giudice Rocco Chinnici. Vito Galatolo, guardandomi fisso negli occhi, mi disse: «Lei deve stare attento, perché noi siamo molto avanti». E me lo ripeté: «Siamo molto avanti. Abbiamo già comprato l'esplosivo, abbiamo studiato tutte le sue abitudini, i suoi movimenti a Palermo, e abbiamo pensato anche a un piano alternativo». E aggiunse: «Se a Palermo – sono ancora le sue parole – si fa troppo danno, sappiamo già come ucciderla a Roma».

Quale fu la sua reazione?

Sapevo che non potevo essere io a interrogarlo su quell'argomento. Dopo che mi disse queste cose, gli feci una sola domanda: «Ma perché?». Eravamo in una stanzetta del carcere di massima sicurezza di Parma. Eravamo io, il maresciallo Falletta, lui e le guardie penitenziarie dietro il portellone blindato. Sulla parete c'era solo un quadro che ritraeva la fotografia, diventata famosa, di Falcone e Borsellino, l'uno accanto all'altro, sorridenti. Quando gli chiesi perché volevano uccidermi, alzò lo sguardo verso la foto e in palermitano stretto mi disse, prima indicando Falcone: «Non comu a chistu, ma comu a l'avutro», indicando, a questo punto, il dottor Borsellino. E spiegò: «Ce lo hanno chiesto».

Cosa intendeva dire?

Stava chiaramente distinguendo la matrice e i moventi occulti della strage di via D'Amelio rispetto a quelli della strage di Capaci. Dopo aver pronunciato quelle parole, si diresse precipitosamente verso il portellone blindato chiedendomi di farlo uscire. Naturalmente, tornati a Palermo, io e il maresciallo Falletta scrivemmo una relazione in cui, in ogni suo particolare, si raccontava l'episodio. Relazione che inoltrammo al procuratore capo di Palermo che a sua volta la trasmise alla procura di Caltanissetta, competente, per legge, a indagare.

Galatolo aveva appena finito di dirvi che i mafiosi avevano già comprato l'esplosivo necessario per l'attentato. Per quanto ne sa, a che punto sono le indagini?

C'è stata una lunga inchiesta della procura di Caltanissetta, con persone individuate e indagate, che non è arrivata a incriminare chi aveva progettato l'attentato; proprio perché l'attentato, per fortuna, non si è concretizzato. Ma i colleghi di Caltanissetta hanno concluso che le dichiarazioni di Galatolo sono veritiere e che sulla mia testa pende ancora una condanna a morte mai revocata.

Inchiesta a parte, che idea si è fatta di questo scenario?

Dalle conclusioni dell'indagine di Caltanissetta, dalle valutazioni di molti giudici di Palermo sull'attendibilità complessiva delle dichiarazioni di Galatolo, sono purtroppo portato a pensare che questo esplosivo sia ancora in circolazione, custodito da qualche parte. E che prima o poi, lo spero, e non solo per me, verrà trovato. Magari se collaborerà con la giustizia chi, avendo saputo di quella confessione, provvide precipitosamente a spostarlo dal luogo in cui Galatolo lo aveva visto l'ultima volta.

Ebbe addirittura modo di vederlo?

Certo, proprio così. Seppi dopo il mio incontro a Parma che Galatolo, una volta iniziata la sua formale collaborazione con la giustizia, mise a verbale molto più di quanto aveva detto a me.

Precisò che il tritolo proveniva dalla Calabria, che per acquistarlo lui stesso e altri mafiosi si erano tassati, famiglia per famiglia, per centinaia di migliaia di euro.

Disse che in diverse riunioni a Palermo erano stati messi a punto i dettagli operativi. Ed erano stati indicati moventi e mandanti.

A cosa si riferiva?

In particolare, al fatto che, in una di quelle riunioni, era stato letto e commentato dai presenti un messaggio di Matteo Messina Denaro, lo stragista ancora oggi latitante da venticinque anni, che spiegava perché dovevo essere ucciso: «Di Matteo è andato troppo avanti con le inchieste...». Ma riferì anche un particolare davvero inquietante...

Quale?

Matteo Messina Denaro mandava a dire ai palermitani, chiamati materialmente a occuparsi dell'attentato, che nel momento dell'esecuzione sarebbe stato presente un artificiere esperto che non apparteneva a Cosa Nostra. Disse, in altre parole: studiate le sue abitudini, scegliete il luogo; al momento in cui è tutto pronto, l'artificiere ve lo porterò io.

Anche Matteo Messina Denaro alludeva a presenze alte ed esterne a Cosa Nostra?

Evidentemente sì. E qui entra in gioco Vincenzo Graziano.

Chi è Vincenzo Graziano?

Un costruttore palermitano che, secondo lo stesso Vito Galatolo, aveva curato l'acquisto dell'esplosivo dalla Calabria. E poi lo aveva nascosto a Palermo. Fu arrestato dopo, per un'altra indagine, dalla guardia di finanza. Al momento della sua cattura, interpellato a proposito dell'esplosivo, dall'ufficiale che guidava il blitz, non disse di non saperne nulla. Ma rispose, quasi a voler lanciare un segnale: «Per capire da dove viene l'esplosivo, e che cosa c'è dietro, dovete cercare in alto». Una frase, anche questa, che il finanziere consacrò in una relazione di servizio che resta agli atti con tutto il suo carico di ambiguità e misteri non risolti. Un capitolo, quello dell'esplosivo, ancora aperto e che non può riguardare solo la mia sicurezza.

Totò Riina chiama
e Matteo Messina Denaro risponde

Le parole di Vito Galatolo e quelle di Vincenzo Graziano. Entrambi concordi su quell'ordine che veniva e viene dall'alto. Uccidere Nino Di Matteo, il pubblico ministero che non ha mai voluto fermarsi. E la presenza inquietante, dietro le quinte, di quel Matteo Messina Denaro, latitante, per un altro scherzo del destino, proprio dai giorni in cui Nino Di Matteo stava iniziando a indossare la toga. Ed è storia di oggi. È il presente. Un presente che non ha mai reciso i suoi legami con il passato remoto rappresentato da Totò Riina. Infatti, è sempre da lì che è bene ripartire. Le intercettazioni di Totò Riina a colloquio con Alberto Lorusso, un rappresentante della Sacra Corona Unita, nel carcere di Opera, sono del 2013. Riina pronunciò parole di odio nei suoi confronti. Può riassumerle?

Il 16 novembre 2013, Toto Riina, detenuto nel carcere di Opera, è all'ora d'aria. Insieme a lui, c'è Lorusso. I due non sanno di essere intercettati dagli agenti della Dia di Palermo da almeno quattro mesi. A un certo punto di questa conversazione, Riina abbassa la voce e con tono perentorio dice al suo collega d'aria: «Facciamolo questo attentato, organizziamolo presto, perché questo Di Matteo non se ne va. Gli hanno pure rafforzato la scorta».

Scusi, è in questa occasione che Riina dice di volerle far fare «la fine del tonno»?

No. Già in molte altre conversazioni con Lorusso, Riina aveva commentato con rabbia il mio impegno nel processo sulla Trattativa Stato-Mafia. E in una di queste aveva detto: «Farei fare a Di Matteo la fine del tonno. La stessa che ho fatto fare a Falcone».

Vuole spiegare perché gli investigatori oggi mettono in stretta relazione le parole di Galatolo, pronunciate nel 2014, con quelle di Riina che risalgono a un anno prima?

Per diverse ragioni che proverò a riassumere. Galatolo mi manda a chiamare nel carcere di Parma nel novembre 2014. Ma quando si riferisce alle riunioni alle quali aveva partecipato per discutere della mia futura eliminazione, e quando parla alla moglie riferendosi al giorno dell'8 dicembre, si riferisce al 2012.

Che c'entra adesso la moglie di Galatolo?

Prima dell'inizio della sua collaborazione, Galatolo viene intercettato durante un colloquio con la moglie, alla quale confida di essere stato pesantemente coinvolto nella preparazione di un attentato a un magistrato. E lo fa riferendosi, fra l'altro, alla festa dell'Immacolata, quando si era dovuto allontanare da casa per partecipare urgentemente a una delle riunioni operative.

Ora il quadro è completo. Prosegua nel racconto.

Quindi, a un certo punto, si realizza la convergenza di due prove autonome. Da una parte la voce di Riina dal carcere, che invoca la necessità di farmi un attentato, dall'altra, anche se lo scopriremo solo un anno dopo, cioè nel periodo successivo alle parole di Riina, la preparazione dell'attentato discussa fra mafiosi che in quel momento erano liberi e operativi sul territorio.

Vi precipitaste nel carcere di Opera ad ascoltare Riina?

No. Noi pubblici ministeri non potevamo andare a interrogarlo in carcere. Era già in corso il processo di Palermo sulla Trattativa in cui Riina era uno degli imputati. Potevamo interrogarlo in dibattimento, questo sì. Infatti, chiedemmo il suo esame processuale e avevamo già pronta una serie di domande che avremmo voluto fargli.

Lei mi insegna che Riina non si è mai sottoposto a interrogatori durante i processi, preferendo manifestare la sua loquacità con dichiarazioni spontanee, a reti televisive unificate, se così si può dire, e senza alcun contraddittorio. Perché vi aspettavate un trattamento diverso?

Perché, quando nel gennaio 2017 anticipammo alla Corte d'assise la nostra intenzione di interrogarlo in dibattimento, lui, contravvenendo alla sua condotta consolidata che lei ricordava, dichiarò inizialmente la sua disponibilità.

Un'occasione irripetibile, da non perdere. Ma qualcosa andò storto. Giusto?

Arriveremo anche a questo. In vista dell'interrogatorio che il presidente aveva disposto, con i colleghi Vittorio Teresi, Francesco Del Bene e Roberto Tartaglia, avevamo una lunga lista di domande non usuali.

Cosa intende per non usuali?

Per la prima volta, avevamo previsto di non procedere nel classico modo, partendo, magari, dalla più elementare delle domande: «Lei conosce Cosa Nostra?», ma avevamo deciso di adottare un approccio diverso. Siccome, nel frattempo, i periti della Corte d'assise avevano trascritto tutto quello che Riina aveva detto nel carcere di Opera, saremmo partiti proprio dalle sue parole che non avrebbe potuto negare di avere pronunciato.

Lo avreste messo di fronte alla sua voce?

È così. Gli avremmo fatto ascoltare, nel corso dell'interrogatorio, le sue stesse parole. Saremmo partiti dalla sua descrizione del momento in cui aveva fatto saltare per aria il giudice Rocco Chinnici, facendone arrivare i resti del corpo sino al terzo piano. Saremmo partiti dalla sua macabra descrizione della «fine del tonno» – di cui lui stesso si era vantato – riservata al giudice Falcone. Avremmo approfondito i tanti riferimenti ai suoi beni e alle sue proprietà che ancora gli investigatori non avevano individuato. Particolare, sia detto per inciso, che ci fornì la prova del nove che non immaginava neanche lontanamente di essere intercettato.

Lo avreste ascoltato su tutto?

Sì. Ma avremmo concentrato le nostre domande sul cuore del processo. Partendo da una sua espressione che aveva lasciato intendere qual era l'origine della sua strategia del ricatto allo Stato.

A cosa si riferisce?

Parlando di Giulio Andreotti, Riina aveva detto: «Ma come? Tu prima ti prendevi i nostri voti e poi ci mandi a dire con Salvo Lima che non vuoi più sentire parlare di noi? E allora poi noi abbiamo cominciato...». E con due dita della mano destra aveva fatto il segno tipico siciliano per indicare la morte di qualcuno, riferendosi proprio all'omicidio Lima, prima tangibile manifestazione del nuovo corso stragista che vedeva lo Stato nel mirino. Riina infatti, alla fine del 1991, aveva già detto ai suoi: «Bisogna fare la guerra per poi fare di nuovo la pace».

Vi aspettavate che Riina collaborasse?

Ovviamente eravamo consapevoli che Riina non avrebbe collaborato, e avrebbe mantenuto la sua posizione irriducibile sino all'ultimo giorno della sua vita. Ma per la prima volta avremmo avuto il coltello dalla parte del manico. Di fronte alle nostre domande si sarebbe trovato nella difficile alternativa o di rispondere secondo verità, o di fare la figura dello sciocco che per mesi aveva sproloquiato, millantando delitti e stragi che non aveva compiuto. Non sarebbe stato facile giocare la parte del millantatore per un uomo che avrebbe nutrito sino all'ultimo una concezione di se stesso e un amor proprio smisurati.

All'ultimo momento, però, Riina fa marcia indietro. Di quell'interrogatorio non se ne fa nulla. Chi gli tirò la giacca o le orecchie, se si preferisce?

Posso semplicemente elencare le ipotesi. In quel lasso di tempo, fra quando disse che si sarebbe sottoposto all'esame – entro un paio di settimane dall'annuncio della sua disponibilità – e il suo rifiuto finale, o ha meditato da solo o, in teoria, qualcuno lo ha spinto a ricredersi. In quei giorni, le persone che ha incontrato sono stati i suoi familiari e il suo avvocato. E anche gli agenti del gruppo operativo mobile della polizia penitenziaria, che lo custodivano. Nei confronti dei quali nutrivo e continuo a nutrire la massima fiducia. Le persone che ha potuto incontrare sono solo queste. Anche il perché del suo ripensamento resterà fra i tanti misteri che la morte di Riina, avvenuta in carcere il 17 novembre 2017, ha lasciato irrisolti.

Quale era la storia dei suoi rapporti precedenti con Riina?

Bisogna andare molto indietro nel tempo. A quando ero pm a Caltanissetta, e avevo chiesto e ottenuto, proprio nei confronti di Riina, tre ergastoli: per l'omicidio del giudice Antonino Saetta e di suo figlio Stefano; per la strage Chinnici; per la strage di via D'Amelio. Tutti questi processi erano stati celebrati quando gli imputati partecipavano ancora fisicamente alle udienze, poi sarebbero venute le videoconferenze con i collegamenti in diretta dalle carceri. Riina seguiva sempre le udienze dei suoi processi, sia a Caltanissetta, sia quando ci spostavamo in altre aule di giustizia per sentire i collaboratori. Ma in passato era accaduto un episodio particolare: in occasione di una mia richiesta di misura cautelare per Riina, che era stato arrestato da appena un anno, e proprio per l'omicidio Saetta.

Cosa dovevate comunicare a Riina che in quel momento era già detenuto?

In casi del genere, il rito prevede che entro cinque giorni dal provvedimento, il giudice per le indagini preliminari e il pm, se lo ritiene opportuno, vadano a interrogare la persona sottoposta a custodia cautelare. Si chiama interrogatorio di garanzia. Il codice prevede che venga letto al detenuto il capo di imputazione e vengano indicate le fonti di prova a suo carico.

Cosa accadde in quella circostanza?

Era la prima volta che andavo a interrogare Riina in carcere da pm. Ero insieme al gip Antonino Patti, un collega ancora più giovane di me, sia per età che per carriera.

Dove si svolgeva la scena?

Riina, in quel momento, era all'Ucciardone. Con noi c'era anche il cancelliere del tribunale. Il collega Patti iniziò con la formula di rito: «Lei, Riina Salvatore... è accusato di avere ucciso, insieme a Pietro Ribisi... e altri, il giudice Antonino Saetta... e fra le altre fonti di prova a suo carico ci sono le dichiarazioni di Leonardo Messina – e Riina non batté ciglio –, e di Salvatore Cancemi...». Dopodiché Patti aggiunse, come la legge prevede: «Lei vuole rispondere o si avvale della facoltà di non rispondere?». Riina, con decisione: «Mi avvalgo della facoltà di non rispondere».

Si preparava ancora una volta a fare scena muta, come suo solito?

Non proprio. Infatti, invece di zittirsi, proseguì: «Comunque vi voglio dire che io a questi avanzi di caserma, come Totò Cancemi, non li frequentavo nemmeno... Questi sono semplicemente confidenti e avanzi di caserma... Con queste persone non ho mai avuto nulla a che fare...».

In realtà, in quel momento, approfittando della presenza del giudice, del pm e del cancelliere, stava facendo una specie di proclama. Un proclama contro Cancemi, ormai pentito, ma che in realtà era appartenuto al suo stesso rango criminale. Un proclama contro il pentitismo in generale.

Volendo fare i «garantisti» del diavolo, come tanti opinionisti di mestiere fanno in Italia, Riina non era libero di dire ciò che pensava dei suoi accusatori?

No. Non avrebbe potuto farlo, perché si era appena avvalso della facoltà di non rispondere, ma stava continuando a parlare. Non volli prestarmi al suo gioco. E in quel momento ebbi la presenza di spirito di interromperlo con queste parole: «Riina, lei si è avvalso della facoltà di non rispondere e quindi deve stare zitto. Se lei invece vuole parlare, riapriamo l'interrogatorio e la registrazione. In questo caso, però, io e il giudice le rivolgeremo le nostre domande, alle quali risponderà come vuole. Altrimenti – glielo ripeto – deve stare zitto».

Come reagì il capo dei capi di Cosa Nostra?

Non disse una parola. Ma da quel momento – e passarono alcuni interminabili minuti, perché si doveva comunque stampare il verbale –, sino a quando abbandonò la cella, non smise mai di guardarmi fisso negli occhi. Pensai che nemmeno io potevo distogliere lo sguardo da lui, altrimenti avrebbe interpretato il mio atteggiamento come un cenno di resa. Trascorsero altri minuti carichi di tensione. Totò Riina, uno come lui, che si vedeva arrivare due giovani magistrati… E il fatto che si fossero permessi di zittirlo non gli era andato giù. Non ho mai dimenticato l'intensità e la cattiveria di quello sguardo.

Non ci furono più altri interrogatori?

Non sono mai più andato a interrogarlo in carcere, anche se in seguito ebbi modo di incontrarlo decine di volte nelle aule giudiziarie durante i processi ai quali presenziava.

È possibile che Riina gliel'avesse giurata per il suo comportamento irriverente in quel primo interrogatorio all'Ucciardone?

Non credo. E non lo dico adesso che è morto. Non intendo assolutamente riconoscergli un merito. Mi sono imbattuto spesso, in questi vent'anni, nella vita, nel pensiero, se così si può dire, e nelle condotte sanguinarie di Riina. E sia io, sia tanti altri magistrati, riconosciamo in Riina lo spessore di un vero capomafia che, rispetto a decisioni come quella di uccidere uomini dello Stato, non si faceva certo condizionare da motivi personali. Riina ha sempre dimostrato, pur nella sua crudeltà, nella sua propensione alla violenza, la statura del vero capo che, prima di prendere decisioni gravi, meditava, ne prevedeva le conseguenze, e comunque non guardava mai al suo interesse personale ma solo a quello dell'organizzazione criminale della quale era il capo indiscusso.

Quando Messina Denaro, a proposito del progetto di attentato nei suoi confronti, trasmette la lettera con le sue disposizioni operative per gli uomini d'onore, è dunque in perfetta sintonia con Riina? Esprime soltanto i desiderata del capo dei capi? O siamo in presenza di una richiesta che a entrambi, anche se in epoche differenti, è venuta dall'alto?

Colpisce un dato temporale che è anche di natura logica. Durante le conversazioni nel carcere di Opera, Riina afferma che, se lui fosse stato libero, avrebbe proseguito con la strategia delle bombe e degli omicidi eccellenti. E si lamenta con Lorusso proprio di Matteo Messina Denaro. Con queste parole: «L'ho cresciuto io, lui ha dimostrato di essere valido e capace, è figlio di suo padre che me lo aveva affidato personalmente. Ma ora è cambiato... e ha in testa soltanto gli interessi economici e il suo affare delle pale eoliche». Il padre di cui stava parlando Riina era Francesco Messina Denaro, mafioso, storico capo mandamento del trapanese, morto da latitante nel 1998.

In altre parole, Riina auspicava il ritorno del suo figliol prodigo, Matteo Messina Denaro?

È probabile. Ma in quelle conversazioni c'è dell'altro. Parlando delle 'ndrine calabresi, manifesta insoddisfazione: «Anche questi calabresi, che tutti dicono essere così potenti, così forti, però non sono stati capaci di fare quello che io sono stato capace di fare…».

Poi qualcosa cambia. Non sono più parole. È così?

Sì. Riina cerca di passare dalle parole ai fatti. Galatolo ci racconterà, dopo le esternazioni di Riina, a proposito dell'attentato, che troviamo in veste di protagonisti sia Messina Denaro sia i calabresi. Il dato colpisce.

Come se le lamentele di Riina fossero arrivate ai destinatari?

È molto probabile. Una cosa è certa: sino al momento in cui Riina ha chiuso gli occhi, abbiamo percepito che è stato sempre considerato, da Cosa Nostra e da tutta la galassia dei poteri criminali, come il capo dei capi.

Siamo arrivati a oggi. Ma chi è davvero questo Matteo Messina Denaro? È l'erede naturale di Riina?

Per me sì. E lo dico sulla base di precisi dati di fatto.

Quali?

Troppo spesso negli ultimi anni ho sentito opinionisti e commentatori affermare che Matteo Messina Denaro ha abbandonato per sempre la linea dell'attacco frontale allo Stato che caratterizzò la stagione di Riina. Lo dico perché voglio restare ai fatti. Matteo Messina Denaro è il rampollo di una famiglia con quattro quarti di nobiltà mafiosa. È cresciuto in quella mafia trapanese che meglio di ogni altra ha saputo coltivare rapporti ad alto livello con altri poteri: economici, politici, massonici, e con settori deviati delle istituzioni. Anche quelle poliziesche e dei servizi segreti.

Origini eccellenti?

Lui è nato in quel contesto. Ha saputo volare in alto, muoversi anche altrove, in Italia e all'estero, senza mai dimenticare che Trapani e la sua provincia costituiscono il bacino di elezione della sua forza e del consenso di cui ha sempre goduto anche fuori dal contesto mafioso.

Ma perché diventa potente e riverito più di tanti altri?

Messina Denaro è stato indottrinato dal padre e da Riina. E non è cosa da poco. Dalla ortodossia mafiosa dei capi corleonesi ha preso tutto, ma non si è limitato a questo. Ha saputo adeguarsi ai tempi e li ha precorsi.

Ha capito che Cosa Nostra doveva rinnovarsi, restando però sempre fedele a se stessa, per non scomparire.

Come è riuscito nell'impresa disperata di salvare l'organizzazione da un possibile annientamento? Tutti erano convinti che si fosse alla vigilia del tramonto definitivo di Cosa Nostra.

Ha capito che gli affari economici dovevano essere diversificati e, anche territorialmente, dovevano svilupparsi lontano dalla Sicilia. Ha capito che per recuperare il consenso popolare, giunto ai minimi termini dopo le stragi del '92-94, l'organizzazione doveva essere meno opprimente sul territorio. Doveva risparmiare, ove possibile, imprenditori e commercianti dalla vessazione del pizzo, magari convincendoli a mettere le loro attività a disposizione di Cosa Nostra con un contraccambio di denaro. Ha cambiato i sistemi di comunicazione fra gli uomini d'onore, affiancando ai tradizionali «pizzini» – quei bigliettini scritti a penna che passano di mano in mano – l'utilizzo strumentale e sofisticato dei social network.

Un grande rinnovatore dal cuore antico?

Un mafioso del terzo millennio la cui forza principale consiste, però, ancora nel coinvolgimento pieno e nella conoscenza di misteri e ricatti che hanno accompagnato almeno l'ultimo tragico decennio del secolo scorso. Quando oggi parliamo di lui non possiamo dimenticare, nemmeno per un attimo, ciò che è stato e ha vissuto in prima persona negli anni Novanta.

E torniamo al passato. Quali erano state le sue imprese criminali in quel decennio? In quali fatti era coinvolto?

In quasi tutti gli snodi più delicati e, in parte, ancora oscuri, dell'intera strategia di attacco stragista allo Stato per indurlo a trattare. Ha fatto parte del ristretto e selezionato manipolo di uomini d'onore che Riina, già agli inizi del '92, aveva spedito a Roma per studiare le abitudini e i movimenti di Giovanni Falcone per preparare il suo omicidio nella capitale. Ed è tra quelli che hanno ricevuto l'ordine di Riina di tornare in Sicilia, perché qualcuno aveva improvvisamente deciso che Falcone doveva invece essere ucciso lì. Nel periodo compreso fra la strage di Capaci e quella di via D'Amelio, Messina Denaro trascorre, fra vacanze e alberghi di lusso, in Versilia e in Lombardia, lunghi periodi con Giuseppe Graviano, già allora latitante, e poi coinvolto in prima persona nella strage di via D'Amelio.

Sta parlando di quel Graviano che è recentemente tornato alla ribalta delle cronache?

Sto parlando di quel Graviano che, come risulta dalle dichiarazioni dei pentiti e da recenti intercettazioni ambientali, affermava di avere rapporti, in quello stesso periodo, con Silvio Berlusconi, all'epoca soltanto imprenditore. Ma torniamo a Matteo Messina Denaro. Aveva già organizzato e partecipato in prima persona al tentato omicidio del funzionario di polizia Rino Germanà, rocambolescamente scampato alle raffiche di Cosa Nostra gettandosi in mare. E dopo l'arresto di Riina, il 15 gennaio 1993, schierandosi con coloro i quali volevano continuare ad alzare il livello dello scontro, alle riunioni organizzative degli attentati in continente, aveva personalmente indicato ai killer mafiosi i bersagli storici, artistici e religiosi da colpire. Non solo. Aveva coordinato la fase esecutiva della strage di via dei Georgofili a Firenze e degli attentati, a Roma e Milano, nella notte fra il 27 e il 28 luglio 1993, quando anche il presidente del Consiglio Carlo Azeglio Ciampi aveva temuto il colpo di Stato.

In altre parole, la temibile forza di Denaro sta in un micidiale mix di passato e presente. È così?

Resto convinto che la più grande forza di Messina Denaro sia costituita dalle sue conoscenze. Dai pesanti segreti che coinvolgono alta mafia e pezzi dello Stato. Lui non può non sapere, anche in virtù del suo atavico rapporto con Riina, perché venne cambiato in corso d'opera il programma di uccidere Falcone a Roma. Non può non sapere se Giuseppe Graviano, nel periodo delle stragi siciliane, aveva davvero rapporti con Berlusconi anche in funzione della successiva creazione del nuovo movimento politico, denominato «Forza Italia». Non può non sapere perché la strategia delle bombe venne esportata in continente con l'adozione di modalità terroristiche mai appartenute, in precedenza, a Cosa Nostra. Ma c'è dell'altro. Non può non sapere se, come appare logico pensare, la scelta dei singoli obiettivi da colpire venne suggerita ai macellai di Cosa Nostra da uomini ed entità esterne di altri poteri. Infine, non può non sapere perché, subito dopo il fallito attentato all'Olimpico – quando il 23 gennaio 1994 la morte di centinaia di carabinieri fu evitata per un soffio dal cattivo funzionamento del telecomando – il progetto venne accantonato e l'intera strategia stragista improvvisamente interrotta. Sono questi i terribili segreti che Matteo Messina Denaro detiene, in una parola: la sua straordinaria arma di ricatto che spiega forse la sua interminabile latitanza.

Decine e decine di blitz, nel suo paese d'origine, Castelvetrano, ma non solo. Centinaia di fiancheggiatori arrestati nel corso degli anni. Decine e decine di parenti, stretti e lontani, persino la sorella, finiti in manette. Immobili sequestrati per milioni di euro. Conti bancari e attività commerciali dietro i quali si è intravista la sua presenza. Ma oggi, un quarto di secolo dopo, la sua latitanza continua. Come se lo spiega?

Dopo i quarantatré anni di latitanza di Bernardo Provenzano – prima alter ego, poi successore di Totò Riina – è ancora più inaccettabile e inspiegabile che Matteo Messina Denaro sia latitante da venticinque anni. Tutto questo non può essere spiegato solo con l'abilità del fuggiasco che si nasconde, con i suoi rapporti variegati in Sicilia e fuori, e con il cinismo di chi continua a nascondersi, nonostante le gravi conseguenze provocate ad amici e familiari. Temo ci sia molto di più: la copertura di ambienti deviati delle istituzioni che hanno ragione di temere, sapendo di quali terribili segreti è a conoscenza, che un giorno lui possa decidere di vuotare il sacco.

Trattavano di nascosto mentre in Italia si moriva

Ormai il Re è nudo. La Trattativa fra lo Stato e la mafia ci fu, ebbe i suoi protagonisti, il suo scopo sotterraneo, la sua filosofia dell'arrendevolezza e dell'intelligenza con il nemico. E provocò le sue vittime innocenti. Per decenni e decenni si era invece voluto far credere che la mafia, in Italia, fosse un mostro criminale autosufficiente. E che lo Stato la combatteva, con alti e bassi, da oltre un secolo e mezzo. Una grande favola, una rappresentazione falsa della realtà. Una maniera elegante per far sì che centinaia e centinaia di persone assassinate apparissero, agli occhi dell'opinione pubblica, come gli eroi moderni caduti durante lo scontro frontale fra il mostro criminale autosufficiente e uno Stato integerrimo che gli faceva la guerra. La grande favola, appunto.

Il Re era nudo da tempo. Ma nessuno voleva vederlo. I fatti, i personaggi, le solite manine che hanno accompagnato, e in certi casi diretto dall'esterno sia la mafia sia il terrorismo in questo paese, erano perfettamente individuabili. Ma nessuno voleva trarne le dovute conseguenze. Non si volevano delineare responsabilità politiche, istituzionali, storiche, che avrebbero potuto precedere e prescindere dalla responsabilità penale di soggetti determinati.

Resta il fatto che le prime parole di verità, in una sentenza di Corte d'assise, sono giunte con oltre un quarto di secolo di ritardo rispetto, per esempio, alle prime stragi di Capaci e via D'Amelio. Perché c'è voluta un'eternità per affermare in sede giudiziaria ciò che gli italiani ormai avevano capito da tempo?

Non dobbiamo stupirci per il ritardo della magistratura. La strada dell'accertamento giudiziario, su un tema così complesso, è per forza di cose lunga e tortuosa. Semmai chiediamoci perché politica, istituzioni, cultura abbiano avuto bisogno delle parole dei giudici per cominciare finalmente a capire. Questo, mi consenta, è il vero paradosso italiano.

In altre parole, sta dicendo che per decenni abbiamo assistito a una messinscena infinita?

Mafia e Stato. Criminalità e apparati. Buoni e cattivi. È di questo che stiamo parlando. Di una partita complessa, nella quale tanti soggetti non sempre si affrontavano come avversari, schierati come erano dalla stessa parte.

Ma allora chi moriva sulle barricate?

Tutti quelli che si permisero di mettere in discussione la sostanziale convivenza, la spartizione occulta di una gestione del potere reale che a molti andava bene ma che calpestava i diritti di tutti. Magistrati, uomini politici, poliziotti e carabinieri, giornalisti e imprenditori, sacerdoti, che non accettavano, che non si piegavano, che mettevano in discussione la logica della mediazione, della coesistenza e del compromesso. E di fronte a uno scenario di queste dimensioni, non si può parlare di un merito della magistratura. Ma del demerito di chi ha volutamente ignorato che, per lunghi tratti di strada, Stato e mafia hanno camminato di pari passo.

Nei libri di storia è consacrata la verità che le autorità americane decisero di rivolgersi a Cosa Nostra in vista dello sbarco alleato del 1943 in Sicilia. È il primo esempio eclatante di una Trattativa fra uno Stato e la mafia. Perché escludere che quella stagione abbia continuato a tramandarsi sino ai nostri giorni?

Non dobbiamo affatto escluderlo. Anzi. È proprio dalla trattativa fra le forze alleate e Cosa Nostra americana e siciliana che cresce quel germe avvelenato di dialogo occulto fra poteri che dovrebbero combattersi. Un cancro che periodicamente esplode nella sua evidenza.

Ma la strage di Portella della Ginestra, nel 1947, non è forse la prima prova lampante che le trattative provocano morti e stragi?

Portella fu solo l'inizio di un lungo elenco. Da quella strage alla storia del bandito Salvatore Giuliano e ai misteri della sua morte. Dal patto fra Cosa Nostra e la corrente andreottiana nella Democrazia cristiana alla sua rottura culminata nelle esecuzioni di Salvo Lima e di Ignazio Salvo, ras delle esattorie in Sicilia. Dal coinvolgimento nel progetto del golpe Borghese alla mediazione della camorra per liberare il democristiano Ciro Cirillo, rapito dalle Brigate rosse. Dalla saldatura micidiale fra interessi criminali e politici per bloccare l'azione riformatrice del presidente della Regione siciliana, Piersanti Mattarella, alla sua uccisione.

La grande favola serviva anche a nascondere agli occhi dell'opinione pubblica la presenza dietro le stragi, e nelle stragi, di soggetti che con la mafia, tradizionalmente intesa, non avrebbero dovuto avere a che vedere. Le faccio degli esempi. Il 3 settembre 1982, il generale Carlo Alberto dalla Chiesa, ad appena cento giorni dal suo insediamento come prefetto antimafia, viene assassinato a Palermo, insieme alla moglie Emanuela Setti Carraro e all'agente di scorta, Domenico Russo. In quella stessa notte, il suo diario, nel quale i familiari sapevano che appuntava tutti i suoi spunti segreti di indagine, scompare dalla cassaforte della sua residenza privata, a Villa Pajno. E non venne mai più ritrovato. Non era fattibile che chi aveva appena compiuto la strage potesse essere entrato indisturbato in una residenza istituzionale e guardata a vista. E non è forse vero che Cosa Nostra ha sempre sostenuto di aver commesso quel «delitto eccellente» in conto terzi?

Ricordo perfettamente gli esiti di una importante intercettazione ambientale. Nel 2001 una delle storiche teste pensanti di Cosa Nostra, Giuseppe Guttadauro, chirurgo di fama e capo del mandamento mafioso di Brancaccio, commentando l'omicidio del generale con un altro mafioso di livello, disse: «Ma a noi chi ce lo faceva fare di uccidere dalla Chiesa, sono stati altri che ce lo hanno chiesto». La sparizione delle carte di dalla Chiesa dalla cassaforte di Villa Pajno si realizzò nelle ore immediatamente successive all'agguato mortale di via Isidoro Carini, con una tempistica e uno schema operativo che nella storia dei delitti eccellenti sono tragicamente ricorrenti. Cosa Nostra si occupa materialmente della esecuzione dell'omicidio o della strage, mentre uomini di apparato, che ne hanno la possibilità e la capacità, si attivano per far sparire per sempre documenti, indizi, prove utili a ricostruire contesti più ampi e, con essi, moventi e mandanti occulti. C'è chi spara o aziona il congegno esplosivo e c'è chi un minuto dopo si adopera già per impedire o deviare l'accertamento della verità. I ruoli, i compiti sono diversi ma complementari. Resta il rammarico e la rabbia di essere spesso riusciti a individuare i killer ma mai chi, nello stesso momento, ha lavorato per sottrarre agli inquirenti e ai giudici elementi fondamentali di conoscenza.

Esattamente sedici anni dopo la strage dalla Chiesa, il copione non si ripete forse con il diario elettronico di Giovanni Falcone del quale salteranno fuori, qualche giorno dopo la strage di Capaci, appena quattro paginette? Un altro fatto casuale da registrare nel gigantesco archivio dei segreti della storia d'Italia?

L'unico modo per rispondere, in assenza di risultati concreti delle indagini sul fatto al quale lei si riferisce, è quello di formulare tante altre domande, altrettanto significative, che ancora oggi attendono una soluzione. Ma che hanno tutte a che vedere con il medesimo scenario al quale lei allude. La prima è la più importante, la più inquietante. Perché i mafiosi, che avevano già progettato e pronto, nei minimi particolari, a Roma, l'omicidio del giudice Falcone, che per loro sarebbe stato molto agevole realizzare in quella città, vennero improvvisamente stoppati e richiamati a Palermo da Totò Riina? Perché quel cambio di programma? Perché Riina volle a ogni costo che l'attentato fosse invece realizzato a Palermo, con modalità clamorose e con l'enorme, concreta difficoltà di dover far saltare in aria un consistente tratto di autostrada? Perché Giovanni Falcone doveva morire proprio a Palermo? Ma questa domanda se ne tira dietro ancora tante altre.

Altrettanto pesanti?

Direi proprio di sì. Cosa intendeva dire Totò Riina, nel 2013, nel carcere di Opera, quando al suo compagno di socialità, Alberto Lorusso, raccontava di avere detto ai suoi più stretti sodali che, se fosse circolata all'interno di Cosa Nostra la piena verità sulla strage, sarebbe stata la fine di Cosa Nostra? Quali sono le «persone importanti», delle quali ha parlato il pentito Salvatore Cancemi, che in quel periodo delle stragi incontravano Salvatore Riina? E ancora. Perché Giovanni Falcone aveva portato con sé, a Roma, alcuni atti dell'inchiesta su Gladio? La stessa organizzazione della quale, ancora prima che ne diventasse politicamente nota l'esistenza, qualcuno gli aveva già parlato a Palermo, mettendo a verbale dati inediti e conoscenze importanti? Sono tutti interrogativi che vanno a battere sempre sullo stesso tasto: fu solo Cosa Nostra a mettere a segno la strage di Capaci? Proseguiamo. Perché il telecomando fu consegnato a Giovanni Brusca proprio da Pietro Rampulla, un esponente storico della destra estrema? E perché questo Rampulla, che doveva partecipare materialmente il 23 maggio all'attentato, invece, adducendo una scusa, rimase a casa sua? Qual è la vera origine, o meglio il vero significato, del foglietto repertato dalla scientifica sul cratere di Capaci, poco dopo la strage, che conteneva annotazioni su numeri telefonici riconducibili al Sisde di Roma e al capocentro del Sisde di Palermo? In sostanza; chi sono e che ruolo hanno avuto nelle stragi le «menti raffinatissime» già individuate da Falcone come i veri ispiratori e autori dell'attentato da lui subito all'Addaura, nel giugno del 1989? Forse, se trovassimo le risposte a questi interrogativi, scopriremmo chi, e perché, si preoccupò di fare sparire i file informatici di Giovanni Falcone. Tutto il resto di cui ho parlato avviene cronologicamente «prima» della scomparsa dei diari.

Trascorrono appena cinquantasette giorni, e l'impressionante copione si ripete con la strage di via D'Amelio. Che dire dell'agenda rossa di Paolo Borsellino? Tutti i familiari del magistrato giurano di averla vista sino a pochi minuti prima dell'attentato, quando il giudice la ripose come sempre nella sua borsa. Oggi anche le recenti motivazioni della sentenza del processo «Borsellino quater» danno atto con certezza del fatto che quando esplose la bomba quell'agenda rossa, dalla quale il giudice non si separava mai, era custodita all'interno della cartella professionale.

Le immagini televisive mostrano un gran balletto di funzionari, in via D'Amelio, che si passano di mano in mano la borsa del magistrato assassinato. Anche l'agenda rossa sembra scomparsa per sempre. Restano le immagini. Ma di quella agenda, mai più nessuna traccia. Quanti indizi ci vogliono per fare una prova? Completi il suo elenco delle domande tabù.

Anche in questo caso, c'è un prima e un poi. Perché in tempi così stretti, appena cinquantasette giorni, e dopo Capaci, venne preparato in fretta e furia l'attentato di via D'Amelio? Perché, quando altri capimafia prospettarono a Riina l'inopportunità di un'altra strage eclatante a così poca distanza di tempo da quella di Capaci, Riina replicò duramente affermando: «Si deve fare ora. La responsabilità è mia»? La sentenza di un altro processo, il via D'Amelio ter, ricostruisce con certezza l'esistenza di un improvviso fattore di accelerazione del progetto di uccidere Paolo Borsellino. Perché ci fu questa accelerazione? È in qualche modo legata alla Trattativa Stato-Mafia e alla conoscenza o alla intuizione da parte del giudice dei reali contenuti di quello scellerato dialogo? C'è un nesso tra tutto questo e lo sprezzante giudizio – «il generale Subranni è punciuto (ha prestato giuramento a

Cosa Nostra *ndr*)» – che uno sconvolto Paolo Borsellino rappresentò alla moglie Agnese quattro giorni prima di saltare in aria in via D'Amelio? E la sottrazione dell'agenda rossa non è forse funzionale a impedire che si potesse risalire proprio al motivo di quella accelerazione, e della fretta di uccidere Borsellino? Queste domande meritano che ogni sforzo si compia per fornire una risposta. Ma un dato già si può ritenere certo: non furono gli uomini della mafia a prelevare dalla borsa del giudice che bruciava tra le fiamme quell'agenda mai più ritrovata.

È giunto il momento di entrare nel merito della famigerata Trattativa fra lo Stato e la mafia. Da dove cominciare?

Ancora una volta, dalla stagione stragista, fra il 1992 e il 1993: la Trattativa dei vertici del Ros, con Vito Ciancimino e Totò Riina, quella per l'attenuazione del carcere duro inflitto ai boss detenuti, quella per consolidare un nuovo accordo politico con la nascente Forza Italia, sulla base dei pregressi rapporti fra Cosa Nostra e l'allora imprenditore Silvio Berlusconi. Parte tutto da lì.

Lei sta dicendo che esiste un unico filo nero che viene dipanato ininterrottamente da oltre settant'anni?

Nessuna di tutte queste vicende è una storia a sé. Nessuna di esse può essere compresa se non si conoscono a fondo le altre. La memoria è tutto. Nelle dinamiche criminali, come in quelle istituzionali, ogni fase è il frutto di quelle precedenti e la base di ciò che accadrà dopo.

Ma in concreto la Trattativa oggetto di questo «processo dello scandalo» da cosa fu scatenata?

Si parte dal 1991. È l'anno in cui Cosa Nostra capisce che i rapporti con i suoi tradizionali referenti politici sono definitivamente compromessi. Da quel momento, nulla sarà più come prima. Già nel 1987 c'erano state le prime avvisaglie. E per questo era stato lanciato un segnale preciso dirottando, alle elezioni politiche di quell'anno, il pacchetto voti di Cosa Nostra, da sempre rivolto alla Dc, al Partito socialista e al Partito radicale. Dal 1987 al 30 gennaio 1992, gli anni della Grande Attesa.

Attesa di cosa?

Sono gli anni in cui nei vari gradi di giudizio si celebra a Palermo il primo maxiprocesso della storia: quasi cinquecento mafiosi alla sbarra, i primi pentiti che confermano in aula le loro accuse, la pretesa, per la prima volta da parte dello Stato, di dimostrare che il teorema Buscetta era fondato.

Vuole ricordare in cosa consisteva il teorema Buscetta?

Per la prima volta, partendo dalle dichiarazioni del collaboratore Tommaso Buscetta, che aveva rotto per sempre il tabù dell'omertà, il pool dei giudici antimafia di Palermo riteneva che Cosa Nostra esisteva, fosse organizzata unitariamente e verticisticamente. Tanto che gli omicidi eccellenti venivano deliberati dagli organismi di vertice: la commissione provinciale e regionale. Nell'eventualità che le Corti ritenessero fondate quelle regole, erano gli ergastoli ai capi a terrorizzare Totò Riina. Per questo, come lui stesso aveva detto ai suoi sodali, «si era giocato i denti».

Cosa intendeva dire, cosa sperava?

Che, in Cassazione, il teorema Buscetta fosse spazzato via. Per ottenere quel risultato, Riina contava ancora sui vecchi rapporti politico-giudiziari, già sperimentati, su un asse Palermo-Roma: Salvo Lima e Ignazio Salvo, Giulio Andreotti e Corrado Carnevale. A proposito di Carnevale, va ricordato che presiedeva la prima sezione penale di Cassazione innanzi alla quale, per il giudizio finale, arrivavano allora tutti i processi di mafia, con esiti talvolta sconcertanti.

Si riferisce ai ripetuti annullamenti delle condanne per i killer del capitano dei carabinieri Emanuele Basile, ucciso a Monreale, il 4 maggio 1980?

Anche. La Corte presieduta da Carnevale aveva annullato la condanna di quei mafiosi solo perché a uno dei due difensori degli imputati per l'omicidio Basile non era stato regolarmente notificato l'avviso della data dell'estrazione a sorte dei giudici popolari. Un adempimento formale, estraneo e precedente al processo vero e proprio.

Ricorderà che Carnevale, dopo anni e anni di processi, fu assolto dall'accusa di concorso esterno in associazione mafiosa.

Certo. La Corte d'appello di Palermo lo aveva condannato valorizzando, a riscontro delle dichiarazioni dei pentiti, la testimonianza di colleghi di Carnevale su quanto avveniva in camera di consiglio. La Cassazione, in virtù del principio della segretezza assoluta di quanto avviene in sede decisionale, ritenne inutilizzabili quelle testimonianze. E annullò la condanna a Carnevale. Resta il fatto che chi volesse consultare le sentenze a sua firma potrà capire perché quel giudice era tanto gradito a Cosa Nostra.

Torniamo a quella che lei ha definito la Grande Attesa di Cosa Nostra.

Il 30 gennaio 1992 la Corte di cassazione confermò la validità dell'impostazione accusatoria del maxiprocesso. Il teorema Buscetta non era più un teorema. Era l'affermazione giudiziaria di regole e meccanismi decisionali di Cosa Nostra che segnava, a livello giurisprudenziale, una svolta storica. Ciò che terrorizzava Riina si era realizzato. Ma i capi della mafia, già da un anno, avevano iniziato a capire che per loro le cose si stavano mettendo male.

Quali segnali avevano avuto?

All'inizio del 1991, il ministro della Giustizia, Claudio Martelli, attribuì a Giovanni Falcone l'incarico di direttore degli affari penali. Consegnò in questo modo all'esperienza e alla personalità di Giovanni Falcone un ruolo essenziale nella politica giudiziaria del governo. I frutti si videro subito. In pochi mesi vennero approvati, su proposta di Falcone e del governo, leggi e decreti che fecero letteralmente impazzire i mafiosi. C'è di più. Falcone convinse Martelli a operare un monitoraggio ministeriale proprio sugli esiti, in Cassazione, dei processi di mafia. Con il risultato che, in virtù della nuova regola della rotazione fra le varie sezioni, introdotta a seguito di quel monitoraggio, il maxiprocesso non finì a Carnevale. Falcone riuscì anche a fare approvare le leggi che avrebbero istituito organismi nazionali unitari chiamati a guidare e coordinare la repressione del fenomeno mafioso. Nacquero allora sia la Direzione investigativa antimafia – la polizia giudiziaria specializzata in indagini sul crimine organizzato – sia la Direzione nazionale antimafia che, a livello giudiziario, dava impulso e coordinava le indagini antimafia. Le chiavi del contrasto politico alla mafia erano state consegnate al Nemico numero 1 della mafia. A Giovanni Falcone. Tutto questo, ancora prima della sentenza definitiva di Cassazione, i mafiosi lo avevano capito in tempo reale.

Come reagirono?

Schiumando di rabbia. Proprio nei confronti di quei politici che per anni li avevano fiancheggiati e ora, ai loro occhi, li avevano traditi. Non accettavano che proprio un governo della Repubblica, guidato da Giulio Andreotti, avesse attribuito a Falcone un ruolo politico così dirompente. E alla rabbia si accompagnava la preoccupazione per quello che Falcone, in quel nuovo ruolo, avrebbe fatto in un immediato futuro. Giulio Andreotti: l'uomo politico per eccellenza che per decenni li aveva illusi garantendo loro il lieto fine. L'uomo politico che, grazie a Salvo Lima e a Ignazio Salvo, era diventato il terminale romano per i «problemi» dei mafiosi. Quest'uomo politico, per la prima volta, si rivoltava contro di loro. La conferma delle condanne del «maxi», 30 gennaio 1992, rappresentò la prova del nove della rottura definitiva dei vecchi rapporti con la politica.

Come viveva Cosa Nostra il momento della rottura, della fine cioè della grande illusione?

La frase di Totò Riina «Dobbiamo scatenare la guerra per poi fare la pace», in precedenza citata, riassume tutto. Così Riina continuava a fare politica, consapevole che, senza il rapporto con la politica, Cosa Nostra sarebbe scomparsa. Iniziò così il grande ricatto. Uccidere per trattare. Spazzare via i traditori, auspicando che altri referenti si facessero avanti. Esportare fuori dalla Sicilia la strategia del terrore. Seminare panico nel paese. Instaurare un patto politico mafioso con soggetti politici nuovi di zecca. Una strategia complessiva che venne attuata fra il febbraio del 1992 e il 1994.

Il primo atto di guerra fu l'uccisione di Salvo Lima, il 12 marzo 1992. Le istituzioni capirono l'antifona?

L'omicidio fu immediatamente percepito per il suo vero significato. Un attacco al governo nazionale e al suo premier Giulio Andreotti. L'inizio di una mattanza che avrebbe coinvolto altri politici siciliani. La nostra indagine sulla Trattativa lo dimostra con numerosi dati di fatto.

Li riassuma.

Già pochi giorni dopo l'omicidio Lima furono indirizzate dal ministro dell'Interno e dal capo della polizia alle prefetture di tutta Italia allarmate circolari che, inquadrando ciò che era accaduto in una precisa volontà di destabilizzazione, denunciavano il pericolo di nuovi omicidi eccellenti.

Si facevano addirittura i nomi dei possibili bersagli: Calogero Mannino, Salvo Andò, Carlo Vizzini, tutti ministri allora in carica. Si faceva persino riferimento al possibile sequestro del figlio di Giulio Andreotti. Questo terribile scenario venne coraggiosamente evidenziato in Parlamento dal ministro dell'Interno, Vincenzo Scotti. Ma il suo allarme venne ridicolizzato persino da Giulio Andreotti con queste parole: «È una patacca». Da qui iniziò l'isolamento del ministro Scotti che avrebbe portato, a trattativa iniziata, alla sua sostituzione con Nicola Mancino alla guida del Viminale.

Nessuno prese sul serio l'allarme di Scotti?

Non lo presero sul serio né il governo, né il Parlamento, almeno ufficialmente. Ma tanti altri protagonisti di quelle vicende condivisero tacitamente l'allarme per una guerra appena iniziata. E qui dobbiamo tornare a parlare di Giovanni Falcone. Fu proprio lui, poche ore dopo l'omicidio Lima, a commentare con il ministro Martelli: «Ora succederà di tutto perché si è rotto un equilibrio». E tre giorni dopo Falcone chiese di incontrare Ciriaco De Mita, in quel momento presidente della Dc, al quale disse: «Ora preparatevi perché la mafia, dopo la sentenza della Cassazione, per organizzarsi alzerà il livello di scontro con lo Stato, dopo Lima dovete prepararvi».

Tanto per cambiare, Giovanni Falcone vedeva più lontano degli altri?

È vero. E lo faceva, finalmente, da una posizione di rilievo. Condivise in pieno la scelta di Scotti di riferire in Parlamento. Capiva dove Cosa Nostra voleva andare a parare. E voleva che l'opinione pubblica non fosse tenuta all'oscuro di quanto stava accadendo. Una filosofia, quella di Falcone, me lo lasci dire, che si ispirava a valori di trasparenza diametralmente opposti a quelli che, di lì a poco, avrebbero ispirato la Trattativa Stato-Mafia. Rispetto delle regole, non dialoghi sottobanco, riservati e segreti.

E gli esponenti politici finiti in quell'elenco del «toto-morte» percepirono quanto stavano rischiando in prima persona?

Il ministro Mannino certamente sì. E non aveva torto, perché i mafiosi avevano già iniziato a preparare il piano per ucciderlo. Mannino, già prima dell'omicidio Lima, aveva riferito al maresciallo dei carabinieri Giuliano Guazzelli – che poco dopo sarebbe stato anche lui assassinato dai mafiosi –: «O ammazzano me o ammazzano Lima». Poi, ancor più terrorizzato, dopo l'omicidio Lima, confidava al suo amico di partito Nicola Mancino: «Il prossimo sarò io». Ma per capire ancora di più qual era lo stato d'animo di Mannino, ricordo ciò che disse al giornalista Antonio Padellaro, l'8 luglio 1992: «Ho orrore di restare nella condizione di condannato a morte. Sento che sto per perdere la ragione e maledico il giorno in cui ho iniziato a fare politica... Non vado da un mese in Sicilia perché, secondo i carabinieri, c'è un commando pronto ad accopparmi. I carabinieri vogliono che io non mi esponga in questo momento perché sono nel mirino. Ma ho grande voglia di raccontare alcune cose e prima o poi lo farò». Padellaro pubblicò solo tre anni dopo il contenuto di quel drammatico colloquio perché il diretto interessato, subito dopo quello sfogo, gli aveva chiesto insistentemente di soprassedere.

Risulta che Mannino esternò i suoi timori agli investigatori?

Ufficialmente no. Ma dall'analisi delle agende sequestrate nel dicembre 1992 a Bruno Contrada, in quel periodo funzionario di vertice del Sisde, si scoprì un'altra verità. Mannino aveva infatti parlato di quegli argomenti convocando, presso la sua segreteria politica romana, lo stesso Contrada e il generale Antonio Subranni, comandante del Ros dei carabinieri.

Questi sono i fatti e gli scenari accertati della grande paura, del grande ricatto agli uomini politici, di uno Stato che si trovava ormai sotto scacco. È da qui che parte la Trattativa. In quali forme, con quali protagonisti?

Si apre una fase nuova, con l'apertura del canale fra i carabinieri e i vertici di Cosa Nostra. Fra la strage di Capaci e quella di via D'Amelio, due ufficiali del Ros, il colonnello Mori e il capitano De Donno, con il consenso del loro comandante Subranni, incontrano Vito Ciancimino nella sua casa romana. Per organizzare il primo di tanti successivi appuntamenti, almeno cinque sino al dicembre 1992, si rivolgono a suo figlio, Massimo Ciancimino. I contenuti di tutti quei dialoghi assumono la valenza di una vera e propria trattativa. E da Vito Ciancimino vengono puntualmente riferiti a Totò Riina e Bernardo Provenzano. Mentre i carabinieri omettono di lasciare traccia scritta di quei colloqui, omettono di riferirne ai vertici dell'Arma e alla magistratura, cercano invece sponde politiche, informando autorità istituzionali e parlamentari. In concreto ne parlano con la dottoressa Liliana Ferraro, funzionario apicale del ministero della Giustizia, Fernanda Contri, segretaria generale della presidenza del Consiglio, Luciano Violante, presidente della Commissione parlamentare antimafia.

I carabinieri chiamati in causa si sono sempre giustificati dicendo che incontravano Vito Ciancimino per acquisire informazioni dall'interno di Cosa Nostra. Che male c'era?

Se fosse stato vero, avrebbero dovuto lasciare traccia scritta di tutto e sviluppare in diretta le informazioni che acquisivano, comunicandole alla magistratura. Non lo hanno fatto perché sapevano che con Vito Ciancimino stavano conducendo una trattativa politica: cosa volevano i mafiosi per far interrompere quella strategia dell'attacco frontale allo Stato e alla politica? Ecco perché, mentre tacevano con chi avrebbe dovuto sapere, riferivano ad autorità politiche e ministeriali.

Ma quali furono, dentro Cosa Nostra, i primi effetti della Trattativa?

Si stava cominciando a realizzare il progetto di Riina: la guerra doveva portare alla pace. Furono due gli effetti immediati: venne revocato l'ordine di uccidere Mannino e gli altri politici. Ma, come ricordò Giovanni Brusca, «Riina, felice come una Pasqua, diceva: si sono fatti sotto. Gli ho fatto un papello di richieste grande così». Sul piatto della bilancia della Trattativa in corso, nella mente di Riina, era necessario mettere altri pesanti carichi. Non più l'eliminazione dei politici. Ma, da una parte, l'uccisione di chi avrebbe potuto ostacolare il dialogo in corso e, dall'altra, la scelta di una strategia terroristica con attentati unicamente finalizzati a seminare panico.

Per ottenere cosa?

Per indurre la controparte della Trattativa a cedere al ricatto, a esaudire le richieste che Riina aveva avanzato.

Che cosa voleva Riina?

Risolvere i veri, principali problemi dell'organizzazione: il pentitismo, il carcere duro, il sequestro dei beni mafiosi, l'ergastolo, e quella maledetta sentenza del maxi, ormai passata in giudicato. Perciò Riina aveva chiesto l'abolizione dell'ergastolo, la chiusura delle supercarceri dell'Asinara e di Pianosa, l'ammorbidimento del carcere duro, la modifica della legge Rognoni-La Torre sul sequestro e la confisca dei patrimoni mafiosi, una nuova legislazione sul pentitismo e, la speranza di sempre, la revisione, attraverso una sentenza della Corte di Strasburgo, degli ergastoli del maxi.

Non erano richieste troppo forti, all'indomani di una strage come quella di Capaci?

Riina, nel suo delirio di onnipotenza, ci credeva. Ma nei fatti si trattava di richieste talmente pesanti da non potere essere accettate tutte e subito. Per questo, dopo via D'Amelio, si assiste a una correzione di rotta.

Riina viene indotto a più miti consigli?

Neanche per idea. Vito Ciancimino, profondo conoscitore delle dinamiche istituzionali, oltre che di quelle mafiose, indirizza la Trattativa e gli uomini del Ros in altra direzione e verso altri soggetti mafiosi.

Si riferisce a Bernardo Provenzano?

Certo. Provenzano, da sempre, era il più stretto interlocutore mafioso di Vito Ciancimino, ne subiva il fascino e l'influenza. Avrebbe espresso, nella Trattativa, una linea di maggiore ragionevolezza rispetto a Riina. Sarebbe stato in grado di guidare la Trattativa con lo Stato, non a colpi di bombe e stragi, ma con la strategia di una nuova invisibilità di Cosa Nostra che avrebbe smesso di terrorizzare l'opinione pubblica italiana e il resto del mondo. Per realizzare tutto ciò, Ciancimino e Provenzano sapevano che Totò Riina doveva uscire di scena.

Furono loro due i veri artefici della cattura di Riina il 15 gennaio 1993?

Con i colleghi Teresi, Del Bene e Tartaglia, abbiamo lavorato e ragionato a lungo sull'ipotesi da lei avanzata. Ci sono concreti elementi di prova che ci hanno indotto ad affermare, nella nostra requisitoria finale del processo, che il racconto ufficiale della cattura di Riina fu «quantomeno incompleto».

Cosa nascosero gli ufficiali del Ros su quella cattura?

Il ruolo di Ciancimino, e quindi di Provenzano, nell'acquisizione delle prime notizie sul territorio che portarono all'individuazione e alla cattura di Riina. Per noi, è questa la vera chiave che potrebbe aprire il mistero della mancata perquisizione del covo dello stesso Riina.

Resto convinto che non si trattò di incomprensioni, distrazioni o negligenze investigative. Semmai, del passaggio obbligato per evitare che saltassero fuori atti e documenti compromettenti proprio su quella fase della Trattativa.

Resta il fatto che le stragi di Firenze, Roma e Milano, così come l'attentato a Maurizio Costanzo e quello fallito allo Stadio Olimpico, si verificarono tutte mentre Riina ormai era detenuto e Provenzano ancora latitante. Rispetto alla futura invisibilità della mafia che Provenzano era chiamato a garantire, non c'è contraddizione in quanto accadde?

Solo apparentemente. A quel punto, dopo l'arresto di Riina, furono decisive le dinamiche criminali interne a Cosa Nostra. Alla «linea pacifista» di Provenzano si contrapponeva la linea di chi era convinto di portare avanti la Trattativa con lo Stato continuando la strategia dello stragismo inaugurata da Riina. Leoluca Bagarella, cognato di Riina, Giovanni Brusca, Matteo Messina Denaro, e i potentissimi fratelli Giuseppe e Filippo Graviano, vollero continuare. E imposero a Provenzano, con la loro «forza militare», di adeguarsi alle loro scelte. Solo quando, fra il 1994 e il 1996, vennero catturati prima i Graviano a Milano, poi Bagarella a Palermo, infine Brusca nell'agrigentino, il baricentro del potere dentro Cosa Nostra si spostò definitivamente verso Provenzano e la sua linea della sommersione.

Ma tornando alla Trattativa, come si sviluppò, dopo l'arresto di Vito Ciancimino, il 18 dicembre 1992, e quello immediatamente successivo di Riina?

Il treno ormai era partito e nessuno voleva più fermarlo. Una parte dello Stato aveva già piegato le ginocchia e la successiva strage di via D'Amelio aveva inferto il colpo di grazia. Per Cosa Nostra era pacifico che Riina aveva visto giusto, per ottenere maggiori risultati era necessario continuare ad alzare il livello dello scontro.

E lo Stato come si comportava a trattativa in corso?

Chi ne era all'oscuro reagiva con particolare vigore, con un autentico scatto d'orgoglio, nella consapevolezza che per fronteggiare lo stragismo l'unica soluzione era quella di intensificare la risposta a tutti i livelli. Legislativo, con la definitiva approvazione del 41 bis, il cosiddetto carcere duro; esecutivo, con il varo di eccezionali misure di controllo del territorio e protezione degli uomini di Stato più esposti, con, ad esempio, l'invio dell'esercito per l'operazione «Vespri siciliani»; giudiziario-investigativo, con il potenziamento dei pool di magistrati e forze di polizia incaricati di svolgere indagini antimafia. A questo proposito, ci tengo a dire che non si era mai vista una gara così virtuosa fra diverse polizie finalmente unite nel colpire in direzione di Cosa Nostra. Ma c'era, purtroppo, anche un altro Stato.

Che forse, dottor Di Matteo, in quel frangente, come in tanti altri precedenti capitoli della storia d'Italia, ebbe la meglio. Concorda?

Con molta amarezza, devo ammettere che le cose andarono così. Chi infatti era a conoscenza del ricatto sottile che aveva innescato i timer delle bombe continuò imperterrito a trattare. Per andare incontro ai desiderata degli stragisti era necessario rimuovere un paio di ostacoli non proprio indifferenti. Il primo era Vincenzo Scotti, che da ministro dell'Interno aveva già dimostrato la sua intransigenza, ma anche la sua ritrosia agli accordi sottobanco quando, all'indomani dell'omicidio Lima, volle riferire in Parlamento sui rischi di destabilizzazione con altri attentati. Il secondo ostacolo, invece, atteneva alla condizione carceraria dei detenuti per mafia. Nicolò Amato, che da più di dieci anni dirigeva il Dipartimento delle carceri, auspicava un «carcere della speranza» per i detenuti comuni, ma si era distinto nei confronti dei detenuti di mafia per l'applicazione severa di un regime penitenziario che impedisse veramente che i boss, sia pur carcerati, restassero al comando.

E che fine fecero Scotti e Amato?

Scotti, a fine luglio 1992, non venne confermato nel nuovo governo di Giuliano Amato alla guida del ministero dell'Interno, affidata a Nicola Mancino.

Nicolò Amato, invece, nell'aprile 1993, venne improvvisamente rimosso dal suo incarico, affidato a un anziano magistrato, Adalberto Capriotti. E a questi fu imposto come vice Francesco Di Maggio, magistrato fuori ruolo da sempre molto vicino a Mario Mori, comandante operativo del Ros.

Questa doppia defenestrazione influenzò l'andamento della Trattativa in corso?

Sono convinto di sì. Entrambe le operazioni furono caldeggiate – lo abbiamo scoperto nel corso del processo – da Oscar Luigi Scalfaro, che all'epoca era il capo dello Stato. Fu Scalfaro a esprimere il suo gradimento per la nomina di Mancino a ministro dell'Interno. Fu sempre lui a indurre il ministro della Giustizia Giovanni Conso ad allontanare Amato e affidare a Capriotti e Di Maggio il fronte caldissimo delle carceri. E questo avvenne solo pochi giorni dopo un gravissimo atto intimidatorio tenuto segreto per quasi vent'anni.

Di che si tratta?

È presto detto. Nel febbraio 1993, i familiari dei capimafia detenuti nelle carceri di Pianosa e dell'Asinara inviarono una mezza dozzina di cartelle proprio a Scalfaro. Denunciavano le «inumane» condizioni di vita dei parenti, additavano «il dittatore Amato» come il mandante di torture e soprusi, minacciavano il capo dello Stato, Scalfaro appunto, che da quel momento in poi lo avrebbero ritenuto responsabile della prosecuzione di quel regime carcerario. La lettera, trasmessa anche al ministro della Giustizia Conso e, apparentemente senza una spiegazione, ai vescovi di Roma e Firenze, venne tenuta nascosta persino al «dittatore Amato», oggetto di quelle accuse minacciose e infamanti.

La lettera restò segreta per quasi un ventennio. Ma come è saltata fuori?

Nel 2011, io e il collega Antonio Ingroia decidemmo di cercare negli archivi del Dap eventuali documenti utili per capire cosa fosse successo. Da poco avevamo scoperto che nel novembre 1993 – e quindi già dopo le stragi di Firenze, Roma e Milano – qualcuno, improvvisamente, aveva preso la decisione di non prorogare 334 decreti di 41 bis per altrettanti mafiosi, piegandosi a un autentico «aut aut» allo Stato. Volevamo capire e saperne di più. Andammo personalmente nella sede romana del Dap, e ordinammo che ci fossero mostrati tutti i documenti relativi a quel periodo. Una mole enorme. Solo grazie al prezioso contributo del collega Sebastiano Ardita, all'epoca in servizio alla direzione generale delle carceri, ci imbattemmo in quella lettera di cui non conoscevamo l'esistenza. Alcuni dati ci colpirono immediatamente: il tono gravemente minaccioso nei confronti di Scalfaro; il fatto che fra i destinatari ci fossero i vescovi di Firenze e Roma, città che subito dopo sarebbero state colpite dalle stragi; la tempistica di una lettera che precedette solo di pochi giorni la defenestrazione di Amato.

La partita si giocò tutta in pochissimi mesi. È questo che vuole dire?

Lo dicono le date. Febbraio 1993: la lettera tenuta segreta. Aprile: la defenestrazione di Amato e, per volere di Scalfaro, la nomina di Capriotti. Maggio: la strage di via dei Georgofili a Firenze. Nel giugno, il neodirettore Capriotti trasmise al ministro Conso una nota riepilogativa sul 41 bis invitandolo a «un segnale di distensione», anche riducendo il numero dei detenuti sottoposti a carcere duro. Luglio: le bombe in simultanea a Milano e a Roma, città dove, per la prima volta, viene attaccato il patrimonio artistico della Chiesa cattolica. Novembre: la decisione di non prorogare il 41 bis a 334 mafiosi. Il segnale che Cosa Nostra aspettava da tempo era finalmente arrivato. Rispetto a tutte le altre richieste di Riina, era quella di più facile realizzazione. Non era necessario approvare chissà quali nuove leggi, bastava far decadere silenziosamente il «carcere duro».

Lo Stato, per adoperare la sua espressione, continuava a piegare le ginocchia?

Inviando il colonnello Mori da Ciancimino, una parte dello Stato aveva iniziato a dimostrare la sua volontà di ascolto. Ora, fiaccato da altre bombe, iniziava a dimostrare la sua volontà di venire incontro ai desiderata di Cosa Nostra.

Ma proprio in quegli anni si voleva far credere all'opinione pubblica italiana che lo scontro fra lo Stato e la mafia era arrivato ormai a un punto di non ritorno. Ascoltando le sue parole, si capisce invece che Cosa Nostra si stava preparando a vivere una sua nuova stagione. Per farlo, non bastavano i ritocchi della situazione carceraria o, per fare altri esempi, l'abolizione di ergastolo e sequestro dei beni. Uccidere Lima non significava forse annunciare al mondo intero che la mafia cercava nuovi referenti politici?

Mai, come negli anni della Trattativa, Cosa Nostra aveva fatto politica. Torniamo un attimo alla frase di Riina quando, dando il via alla strategia stragista, disse ai suoi: «Facciamo la guerra per poi fare la pace». Tutto ciò che accadde fra la fine del 1991 e il 1994 va letto in chiave «politica». Cosa Nostra stava cercando nuovi interlocutori ed era consapevole che sarebbero inevitabilmente venuti fuori come funghi dopo la grande pioggia delle stragi. Non aveva torto. La cattura di Riina aveva provocato qualche momento di disorientamento. Una parte di Cosa Nostra, guidata da Leoluca Bagarella, aveva pensato di scendere, senza più mediazioni, in politica. E aveva contribuito a fondare il movimento autonomista «Sicilia Libera», nel solco di quelle Leghe autonomiste che già nel 1991 sognavano un'«Italia federale» divisa in tre macroregioni.

Un delirio di onnipotenza?

Senza dubbio un passo avventato che, come subito capirono altri capimafia politicamente più avveduti, come Bernardo Provenzano e Giuseppe Graviano, non avrebbe portato da nessuna parte. «Sicilia libera», con i suoi referenti mafiosi fra fondatori e capilista, già sul finire del 1993 si sciolse. E molti suoi appartenenti, a Palermo come a Catania, confluirono nelle liste della nuova formazione politica di quegli anni: Forza Italia. Oltranzisti e moderati, da Bagarella allo stesso Graviano, che avevano continuato con le stragi, a Provenzano che, dopo Capaci e via D'Amelio, ne aveva preso le distanze, si convinsero che Forza Italia rappresentava la carta vincente. Era venuto fuori quel referente politico che in Cosa Nostra tutti stavano aspettando. La grande pioggia aveva dato i suoi frutti. Ma non era stata una sorpresa.

Perché non si trattò di una sorpresa?

Perché fin dal 1974, grazie alla mediazione di Marcello Dell'Utri, Cosa Nostra aveva stipulato un vero e proprio patto con Silvio Berlusconi, che allora era un semplice imprenditore. Cosa Nostra proteggeva Berlusconi, i suoi familiari e le sue attività economiche. Berlusconi si sdebitava versando periodicamente centinaia di milioni nelle casse dell'organizzazione criminale. Quei patti, vicendevolmente mantenuti almeno sino al 1992, sono consacrati nella sentenza di Cassazione che ha reso definitiva la condanna di Dell'Utri per concorso in associazione mafiosa.

Quindi, quando nasce Forza Italia, Cosa Nostra non è alle prese con un contenitore politico nuovo di zecca. Giusto?

Cosa Nostra aveva già sperimentato la «serietà» e l'affidabilità dell'imprenditore di Arcore e di Dell'Utri. Quando Berlusconi, consigliato da Dell'Utri, si decide finalmente a scendere in politica, Cosa Nostra non ha più dubbi. Erano loro i referenti che Riina aveva cercato sin da quando aveva deciso di uccidere Lima. Per questo, in occasione della campagna elettorale per le elezioni politiche del 1994, sia l'ala stragista di Cosa Nostra, sia l'ala moderata, facendo affidamento sulle assicurazioni e sulle garanzie ricevute da Dell'Utri, appoggiarono come un sol uomo Forza Italia. Il successo di quel partito fu clamoroso e Silvio Berlusconi divenne nel maggio del 1994 il presidente del Consiglio.

Non fu un gran bello scenario quello in cui nacque la Seconda Repubblica.

Ricatti, patti oscuri, stragi e denaro. C'è anche tutto questo nel contesto che apre la strada alla Seconda Repubblica. E Cosa Nostra non poteva mancare quell'appuntamento per lei ormai di vitale importanza. Per questo ribadì subito la sua legge, il suo «comando io». Lo fece presentando al presidente del Consiglio Berlusconi quelle stesse richieste che erano state avanzate ai precedenti governi. Giovanni Brusca, l'uomo che azionò il telecomando a Capaci, e Leoluca Bagarella inviarono Vittorio Mangano, il mafioso palermitano per anni «stalliere» ad Arcore, da Dell'Utri per ricordare a Berlusconi ciò che si attendevano oltre all'ammorbidimento del carcere duro. Lo fecero ricordando che, se non avessero ottenuto risposte, non avrebbero avuto problemi a ricominciare con le bombe. Allo Stadio Olimpico di Roma, la bomba che avrebbe dovuto uccidere nel gennaio del 1994 centinaia di carabinieri, non era esplosa per puro caso. Ma Cosa Nostra, insediatosi Berlusconi al governo, poteva tornare ai progetti originari. Il processo ha dimostrato che la minaccia arrivò al destinatario. Dell'Utri ne fu il tramite. Berlusconi seppe ma non denunciò, e anzi, con lo stesso ambasciatore, riferì che si stava muovendo per fare approvare leggi che, insieme agli imputati di Tangentopoli, avrebbero favorito anche i mafiosi. Alcune iniziative, fra tutte un decreto legge di riforma della normativa sulla custodia cautelare in carcere, furono adottate tempestivamente ma non andarono in porto per la clamorosa iniziativa dei giudici del pool milanese di Mani Pulite, che minacciarono di dimettersi; per la tardiva opposizione del ministro dell'Interno Roberto Maroni, che quel decreto invece lo aveva «inconsapevolmente» firmato; per le successive vicende politiche culminate nel giro di pochi mesi nella caduta del governo Berlusconi.

Una cosa è certa ed è venuta fuori grazie a questo processo: Cosa Nostra era stata in grado, nel tempo, di coltivare i suoi rapporti prima con l'imprenditore Berlusconi e poi con il Berlusconi fondatore di Forza Italia e, successivamente, esponente di vertice delle istituzioni.

Forse per concludere questa ricostruzione dovrebbe soffermarsi sulle clamorose frasi di Giuseppe Graviano intercettato, a sua insaputa, nel carcere di Ascoli Piceno durante l'ora d'aria con il suo compagno di socialità Umberto Adinolfi. Graviano non parlava proprio di Berlusconi, chiamato confidenzialmente «Berlusca»?

È vero. Quelle intercettazioni ci hanno fatto meglio capire perché, quando Graviano, nel gennaio 1994, aveva incontrato Gaspare Spatuzza, a Roma, al bar Doney di via Veneto, riferendosi alla discesa in campo di Berlusconi, propiziata da Marcello Dell'Utri, aveva detto: «Con quello di Canale 5, e con il nostro paesano, ci siamo messi il paese nelle mani». In molte conversazioni intercettate nel 2016 ad Ascoli Graviano torna sull'argomento. Riferisce di «cortesie» che gli erano state richieste proprio nel 1992. Afferma, e sembra che parli proprio di Berlusconi, di averlo incontrato e di averci persino cenato insieme, discute con Adinolfi di come fare arrivare all'esterno un messaggio di chiara impronta ricattatoria: potrei un giorno parlare di certi rapporti. Consideriamo quelle intercettazioni interessanti e importanti. E non solo per il processo sulla Trattativa. Potrebbero avere un rilievo anche per le inchieste ancora aperte sulle stragi del 1992 e del 1993 e per questa ragione le abbiamo trasmesse alle procure di Caltanissetta e Firenze.

Sin qui lei ha elencato i fatti principali che caratterizzarono i diversi snodi della Trattativa. Andiamo adesso al processo vero e proprio. Non trova singolare quanto è accaduto in questi cinque anni di dibattimento?

Tutto quello che è accaduto intorno al processo è singolare, sconcertante ed emblematico. Tutto, tranne ciò che accadeva dentro l'aula. Il processo si è celebrato nel rispetto di tutte le regole. Un contraddittorio aspro, ma corretto. Il presidente della Corte d'assise Alfredo

Montalto, il giudice a latere Stefania Brambille, i giudici popolari hanno dimostrato professionalità, imparzialità, indipendenza di giudizio, impermeabilità a pressioni esterne. Anche a quelle politico-istituzionali alle quali sarebbe stato facile, e persino conveniente, cedere.

A quali pressioni si riferisce?

Ad esempio, alla richiesta del presidente della Repubblica Giorgio Napolitano, la cui testimonianza era già stata ammessa dalla Corte, di non sottoporsi all'audizione ritenendola inutile. La Corte invece decise che non toccasse al teste, che non conosceva quali domande gli sarebbero state rivolte, giudicare l'opportunità o meno di quell'esame processuale. E procedette, il 28 ottobre 2014, all'audizione di Napolitano al Quirinale. Un passaggio che poi, a conti fatti, si rivelò cruciale.

Ha appena descritto quanto accadde in aula. E fuori che aria tirava?

Fuori dall'aula accadeva di tutto.

Ignoranza delle carte processuali, disinformazione, calunnie, falsità, l'interesse a inceppare un processo che metteva paura per la complessità e la delicatezza del tema?

Un po' di tutto questo. Ma partiamo da due autentiche mistificazioni, tanto abilmente alimentate dai media, da essere poi contrabbandate come dati di fatto reali. La prima: si è fatto credere che gli imputati, e in particolare gli esponenti delle istituzioni, fossero accusati per il solo fatto di avere «trattato». Mi spiego. So bene che questo processo passerà alla storia come il processo sulla Trattativa. Ma né i mafiosi, né gli uomini di Stato erano imputati per avere trattato. Il reato contestato, infatti, era «la violenza o minaccia a corpo politico dello Stato», articoli 338 e 339 del nostro codice penale. In particolare, a quattro diversi governi che si sono succeduti fra il 1992 e il 1994: governo Andreotti, governo Amato, governo Ciampi, governo Berlusconi.

Questa era la prima mistificazione. Ma in concreto, di cosa erano chiamati a rispondere mafiosi e uomini degli apparati?

I mafiosi, di avere minacciato quei governi, eseguendo stragi e accompagnandole con richieste e ambasciate per influenzare le decisioni dello Stato in materia di lotta alla mafia. Lo stesso reato, a titolo di concorso, lo abbiamo contestato a quegli uomini delle istituzioni che consapevolmente avevano indotto i mafiosi a certe mosse, o si erano prestati a fare da cinghia di trasmissione delle loro richieste ai governi.

La seconda mistificazione?

È stata quella di far credere che la Trattativa fra i vertici del Ros e i corleonesi fosse una invenzione di Massimo Ciancimino, figlio di quel Vito Ciancimino, politico mafioso vicino ai corleonesi, che proprio con il colonnello del Ros Mario Mori e con il suo stretto collaboratore, capitano Giuseppe De Donno, si era a lungo intrattenuto sull'argomento.

Lei vuol dire che i media inventarono di sana pianta che Massimo Ciancimino fosse l'unica fonte dalla quale avevate appreso dell'esistenza della Trattativa?

Voglio dire proprio questo. È così che sono nate le comode e fin troppo facili definizioni di «presunta» o addirittura «fantomatica» Trattativa. Ricordo come con i colleghi Teresi, Del Bene e Tartaglia iniziammo la nostra requisitoria in Corte d'assise. I primi a definire «Trattativa» le loro interlocuzioni con Vito Ciancimino furono proprio Mori e De Donno, quando nel 1998 testimoniarono in Corte d'assise a Firenze, nel processo per la strage di via dei Georgofili, del maggio 1993. Al di là dell'espressione letterale – «Trattativa» –, Mori ricordò quello che aveva detto a Vito Ciancimino: cosa è «questo muro contro muro» fra lo Stato e la mafia? «Non si può parlare con questa gente?» E De Donno, nella stessa udienza, aggiunse: «Proponemmo a Vito

Ciancimino di farsi tramite per nostro conto con gli esponenti di Cosa Nostra al fine di trovare un punto di incontro, un punto di dialogo finalizzato all'immediata cessazione di queste attività di contrasto netto e stragista nei confronti dello Stato». Ora io mi chiedo: se questo non è trattare con la mafia, che cos'è?

E i giudici fiorentini quali conclusioni trassero da queste parole?

Quei giudici, che condannarono i mafiosi che misero la bomba ai Georgofili provocando la morte di cinque innocenti, giunsero a importanti conclusioni su significato e conseguenze del dialogo Ros-Ciancimino. E lo fecero proprio partendo dalle parole di Mori e De Donno. Si era svolta un'autentica trattativa. Aveva preso le mosse dall'iniziativa di organi dello Stato, e non dalla mafia. Indipendentemente dalle intenzioni degli ufficiali del Ros, rafforzò in Riina il convincimento che la strategia dell'attacco frontale pagava, e lo indusse a organizzare, dopo quella di Capaci, altre stragi. Ancora una volta, il dialogo Stato-Mafia si portava dietro l'odore acre di una lunga scia di sangue.

Di mistificazioni, abbiamo abbondantemente parlato. Ma ci parli anche dei pregiudizi offensivi che non sono certo mancati in questi anni.

L'elenco sarebbe sterminato. Ma qualcosa non può essere taciuta. Senza conoscere a fondo gli atti processuali, fin dalla nostra richiesta di rinvio a giudizio, due autorevoli professori universitari, il giurista Giovanni Fiandaca e lo storico Salvatore Lupo non si sono contenuti. Il primo, con un lungo saggio, pubblicato dal quotidiano «Il Foglio», e amplificato da grande stampa e tv, definì il processo «una boiata pazzesca. Manca il movente, mancano le prove e non è chiara nemmeno la formulazione dei reati». Così alimentando, per anni, diffidenze e derisioni generalizzate sul nostro lavoro. Il secondo, in un'intervista a una televisione nazionale, disse che la Trattativa non c'era stata e che, ammesso che fosse avvenuta, bisognava dare una «medaglia» agli uomini dello Stato che l'avevano condotta.

Se è per questo, lo storico Lupo viene sostenendo da tempo, anche a costo di rischiare il ridicolo, che non ci sono né prove, né documenti d'archivio a testimonianza del ruolo del mafioso Lucky Luciano nello sbarco alleato del '43. Tutto si tiene, allora come oggi?

Evidentemente, il professor Lupo ha abbracciato una chiave di lettura «negazionista» su quei rapporti criminali che autorevoli commissioni d'inchiesta statunitensi, e sentenze della magistratura, hanno invece messo da tempo nero su bianco.

Ma continui con il suo elenco dei denigratori.

Ce ne sono stati purtroppo tanti. Prendiamo a caso. Cosa pensare oggi, alla luce di questa sentenza di primo grado del processo di Palermo, di giudizi come quelli manifestati dall'opinionista Giuliano Ferrara che disse senza mezzi termini: «La Trattativa Stato-Mafia è una minchiata, non c'è niente di niente... Una spaventosa messinscena il cui obbiettivo è mostrificare il presidente della Repubblica, calunniare Berlusconi...»? O di quelli del giornalista Enrico Deaglio: «Questa inchiesta non sta in piedi, è grottesca»? O di quelli del giornalista Giuseppe Sottile: «Il relitto della Trattativa. Mori, Mannino, Ciancimino, altre patacche... un processo che sta definitivamente affogando»? O di quelli del giornalista Giorgio Mulè, che alla prima udienza del processo sentenziò: «A Palermo parte "la Norimberga de' noantri"»? E, per continuare con un altro giornalista, Andrea Marcenaro: «La trattativa Stato-Mafia è una bufala, non sta in piedi, è un'inchiesta da portineria politica... non ha nessuna possibilità di arrivare a condanna»? Infine, persino Eugenio Scalfari non esitò a salire in cattedra: «Quando è in corso una guerra, la Trattativa fra le parti è pressoché inevitabile per evitare i danni... quale è dunque il reato che si cerca?...».

A non volere aprire il capitolo delle contumelie di tanti politici, esperti opinionisti di mafia, magistrati ed ex magistrati...

Anche qui, una accusa che brucia particolarmente a me e ai miei colleghi: quella di essere responsabili della morte di Loris D'Ambrosio, consigliere giuridico del capo dello Stato Napolitano. In quell'occasione fummo definiti «assassini», «eversori», «magistrati che agivano con finalità ricattatorie nei confronti del presidente della Repubblica». Mi ferirono i giudizi di magistrati che non hanno rispettato il nostro impegno e hanno violato la fondamentale regola deontologica di non parlare di processi in corso, istruiti e trattati da altri colleghi. Faccio solo due esempi. Il presidente della Corte d'appello di Milano, Giovanni Canzio, nella relazione inaugurale dell'anno giudiziario 2015, stigmatizzò pesantemente la decisione della Corte d'assise di Palermo che aveva appena ascoltato Napolitano, affermando: «Questa dura prova si poteva risparmiare al capo dello Stato, alla magistratura stessa, e alla Repubblica italiana». E la collega, Elisabetta Cesqui, storica esponente di punta della corrente di Magistratura democratica, si spinse a dire: «È un processo che nasce ruminando le carte con un vizio di origine logico prima che giuridico». Molte volte mi sono chiesto cosa mi sarebbe accaduto se mi fossi permesso di dare analoghi giudizi su processi altrui.

Sono certo che sarei stato sottoposto a procedimento disciplinare, comunque non avrei fatto «carriera» come accadde al presidente Canzio, poi nominato primo presidente della Corte di cassazione, e alla dottoressa Cesqui, poi nominata dal ministro della Giustizia, Andrea Orlando, come suo capo di gabinetto.

Ma, per completare l'elenco di quanti veramente ci hanno ferito gratuitamente, due ultimi nomi dell'«antimafia» del passato.

Pino Arlacchi: «Il processo sulla Trattativa? Un'allucinazione dei carrieristi dell'antimafia».

Marcelle Padovani: «Falcone non avrebbe mai avviato l'inchiesta sulla Trattativa Stato-Mafia».

Un processo contro tutti?

Gli attacchi, anche i più violenti, li avevamo messi in conto, sapendo quali interessi e gruppi di potere, spesso ancora vivi e vegeti, stavamo andando a colpire. Ma, in quanto magistrato, giudico altrettanto grave l'assordante silenzio di chi, quando venivamo addirittura definiti «assassini» o «eversori», non sentì il bisogno di dire una sola parola in nostra difesa. L'Associazione nazionale magistrati e il Consiglio superiore della magistratura perdettero un'occasione d'oro, non per difendere i singoli pm di Palermo, ma il ben più importante principio della indipendenza della magistratura. Sacrificato, in quel caso, sull'altare dell'opportunità politica di non voler sembrare sostenitori di un'inchiesta troppo scomoda per il Potere.

Sia chiaro: non abbiamo mai pensato di essere infallibili, di avere la verità in tasca. Sapevamo bene quanto sacrosanto sia il diritto di tutti di criticare, anche severamente, di non condividere una iniziativa processuale così particolare, così inedita. Era la prima volta che in un processo ai mafiosi veniva contestata, a loro ma anche ai loro complici istituzionali, l'ipotesi della minaccia a un corpo politico dello Stato, il governo. Ogni critica sarebbe stata comunque ben accetta se sostenuta da una reale conoscenza delle carte dell'inchiesta. Non sempre ciò è accaduto. E la critica, purtroppo, è degenerata nella pregiudiziale denigrazione e derisione del nostro lavoro. Forse, sarebbe stato meglio per tutti adottare maggiore prudenza in attesa del pronunciamento di una Corte su una ipotesi d'accusa già ritenuta correttamente formulata e sufficientemente fondata da un altro giudice, quello dell'udienza preliminare. Qualche contumelia in meno, qualche curiosità in più, avrebbero contribuito meglio alla ricerca della verità.

Io mi ricordo bene come andò

E venne il giorno della sentenza. Lo Stato, che aveva processato se stesso, si sarebbe fatto sconti? Si sarebbe trattato in guanti bianchi, facendo propria la tesi che se la Trattativa c'era stata, era stata Trattativa a fin di bene?

Giornali e televisioni si aspettavano il colpo di spugna assolutorio, il liberatorio «tutti a casa, in fondo non è successo nulla». Pensatori di fine concetto, politici che sanno come va il mondo, giornalisti che troppa cronaca nera avevano mangiato e digerito, per credere ancora alla Befana, scommettevano che delle chimere accusatorie dei pubblici ministeri non sarebbe rimasto proprio nulla. La sentenza sarebbe stata la prova definitiva della sconfitta di un azzardo indimostrabile, quello che lo Stato italiano avesse qualcosa a che vedere con Cosa Nostra.

Un pugno di coraggiosi giudici popolari, con tanto di fascia tricolore, chiamati a una impresa titanica, un presidente di Corte d'assise, Alfredo Montalto, una giudice a latere, Stefania Brambille, lasciarono tutti di sasso, sconvolsero le previsioni dei bookmaker che scommettono sui capricci della «dea bendata», dimostrando invece che il reato c'era: eccome se c'era. E, in un attimo, quasi per incanto, quello Stato che aveva processato se stesso, grazie a quei giudici, non ebbe più né sconti né attenuanti. Imputati condannati, sia coppole storte, sia carabinieri di rango, sia uomini politici. Sentenza shock? Sentenza pesante? Sentenza storica? Epocale? Forse, molto più semplicemente, il verdetto di una Corte libera, scevra dai condizionamenti mediatici. E può capitare a tutti di incontrarne nelle aule di giustizia.

Ci racconti allora le sue emozioni e il suo stato d'animo, le ore della attesa e della vigilia, i vostri pronostici, cosa provò, insieme ai colleghi d'avventura, Vittorio Teresi, Francesco Del Bene, Roberto Tartaglia, quel 20 aprile 2018, alle ore 16, quando vi alzaste in piedi all'ingresso della Corte d'assise per quei sette minuti e cinquanta secondi che fecero tremare in Italia tutti i Palazzi del Potere.

Ricordo tutto di quel giorno e di quelli lunghissimi che lo precedettero. A conclusione di oltre cinque anni di dibattimento, la Corte si era ritirata in camera di consiglio sei giorni prima di quel 20 aprile. In me e nei colleghi la lunga attesa faceva aumentare la tensione. Ero già abituato a vivere le sensazioni che inevitabilmente accompagnano un importante verdetto dopo processi delicati e difficili. Ma questa volta era diverso. Con Teresi, Tartaglia e Del

Bene, eravamo consapevoli che l'eventuale assoluzione degli imputati, e in particolare di quelli istituzionali, avrebbe segnato il definitivo tramonto di un'epoca e di una aspirazione: quella di colpire i rapporti alti, altri, inconfessabili, di Cosa Nostra con il Potere. La mattina del 20 ci ritrovammo seduti intorno a un tavolo a discutere di questa eventualità, quella della sconfitta processuale, con due precise convinzioni. La prima: avevamo fatto tutto quello che la legge e la coscienza ci avevano suggerito. La seconda: saremmo stati letteralmente travolti da una nuova e ancora più violenta ondata di attacchi e delegittimazioni. Saremmo stati, per tutti e per sempre, i visionari che pretendevano di processare lo Stato. Sapevamo che quel rischio era concreto perché era la prima volta in cui mafiosi e uomini in divisa erano accusati di avere insieme minacciato il governo della Repubblica. Ma restavamo convinti che le prove raccolte avrebbero portato alla condanna di tutti gli imputati di quel terribile reato: minaccia a corpo politico dello Stato.

Che accadde quel pomeriggio?

Entrammo nell'aula bunker del carcere Pagliarelli, a Palermo, un quarto d'ora prima delle 16. Il cancelliere, infatti, come da prassi per camere di consiglio molto lunghe, aveva avvertito tutte le parti processuali che il dispositivo di sentenza sarebbe stato pronunciato intorno a quell'ora. Trovammo in aula decine e decine di giornalisti e telecamere che, duole ricordarlo, si erano visti con un pari spiegamento di forze solo all'udienza iniziale. Si percepiva la febbrile attesa di una sentenza che in ogni caso avrebbe rappresentato una pietra miliare nella storia della giustizia italiana. Avrebbe segnato il percorso futuro di quella magistratura che ancora si ostina a credere e a lottare, convinta che – come si legge ancora in certe aule di tribunale – «La Legge è Uguale per Tutti».

Quando la Corte entrò calò un silenzio spettrale. Nei volti dei giudici si percepivano tensione e stanchezza. Il presidente iniziò la lettura, anche la sua voce tradiva emozione. Pochi attimi e capimmo com'era andata. Tutti gli imputati che rispondevano di quel reato furono riconosciuti colpevoli. E condannati a pene detentive adeguate alla gravità dei fatti accertati. La Trattativa c'era stata. La minaccia anche. Mentre correva il sangue delle stragi c'era chi, in nome dello Stato, dialogava e interagiva con il nemico. La lettura del dispositivo durò alcuni minuti. In aula risuonava solo la voce del presidente. Per ciascun imputato venne indicato il periodo nel quale era stato commesso il reato. Quando si arrivò al nome di Dell'Utri venne specificato che quel periodo era successivo al momento in cui Silvio Berlusconi, del quale venne fatto il nome, aveva assunto l'incarico, nel 1994, di presidente del

Consiglio. Per la prima volta, una sentenza pronunciata in nome del popolo italiano accostava il protagonismo della mafia a Berlusconi, considerato non più un semplice imprenditore, ma un politico con responsabilità di governo.

Per la prima volta carabinieri di alto rango, Subranni, Mori e De Donno, venivano condannati per un reato così infamante. Condannato anche Massimo Ciancimino per la calunnia a Gianni De Gennaro, ex capo della polizia. Veniva assolto solo Nicola Mancino, accusato di falsa testimonianza.

E un attimo dopo la lettura di quel dispositivo, che cosa accadde in aula?

Non lo so. Ricordo solo una gran confusione attorno a me. Ma ricordo benissimo ciò che provai. Aspettai la fine della lettura e, mosso da un istinto che sin lì avevo controllato, strinsi a me, in un abbraccio liberatorio, i miei tre colleghi.

Con Teresi, Tartaglia e Del Bene avevamo condiviso non un semplice processo ma un'avventura umana e professionale che aveva cementato la nostra amicizia. Voglio essere chiaro: non era la gioia di vedere condannati degli imputati. La sofferenza di un condannato non è motivo di gaudio per il suo accusatore.

Eppure vi abbracciaste.

Era l'abbraccio di quattro magistrati che avevano creduto in un lavoro difficile e delicato che avrebbe potuto anche concludersi con un nulla di fatto. Uscendo dall'aula, avvertii un'altra sensazione molto confortante: la magistratura italiana è ancora in grado di esercitare sino in fondo tutta la sua autonomia senza timori reverenziali e calcoli di opportunità politica.

È il resoconto di un lieto fine. Ma quanto era stata dura e rischiosa la vostra traversata? Tutto cominciò da Massimo Ciancimino che, incredibilmente, dopo aver dato fuoco alle polveri, finì duramente scottato, lui stesso, da una condanna a otto anni. Ci spieghi cosa accadde e perché?

Alla fine del 2007 Massimo Ciancimino consentì di riaprire un capitolo giudiziario che era stato precedentemente archiviato. Dalla lettura di una sua intervista a «Panorama», nella quale raccontava particolari inediti su tempistica e contenuti dei rapporti di suo padre con i carabinieri del Ros nel 1992, nacque l'esigenza di interrogarlo. E dai primi verbali di quegli interrogatori scaturì la riapertura delle indagini sulla Trattativa. In quella fase eravamo io e il collega Antonio Ingroia a condurre la nuova inchiesta e i nuovi interrogatori di un dichiarante, Massimo Ciancimino appunto, particolarmente impegnativo e problematico. Ci rendemmo subito conto che, insieme a un nucleo importante e veritiero di notizie, Ciancimino ci riferiva altre informazioni non riscontrate e per noi tutte da verificare. Ma aveva un merito che anche oggi gli va riconosciuto: le sue dichiarazioni, e la loro diffusione, conseguente al grande clamore che ne seguì, fecero improvvisamente tornare la memoria a uomini e donne delle istituzioni che sembravano averla perduta.

Restiamo alla figura di Massimo Ciancimino. Perché da dichiarante diventa vostro imputato?

Ci consegnava documenti del padre, Vito. Alcuni manoscritti, in originale o in fotocopia, altri dattiloscritti. Per ognuno di essi incaricavamo la polizia scientifica di Roma di esaminarne la genuinità e la reale riconducibilità a Vito Ciancimino. Ricordo quando un funzionario della scientifica, la dottoressa Sara Falconi, mise sulla mia scrivania il resoconto dell'analisi di un manoscritto: un elenco di nomi di «poliziotti infedeli» che Vito Ciancimino considerava disponibili nei confronti di Cosa Nostra e a lui vicini. Tra questi quello del dottor De Gennaro. Le indagini della scientifica avevano dimostrato che quel nome era stato inserito artatamente in quel documento, trasposto di sana pianta da un altro manoscritto del padre. Invece Massimo Ciancimino aveva dichiarato che l'intera lista dei «poliziotti infedeli», compreso De Gennaro, era stata compilata dal padre in sua presenza. Mi resi conto della gravità del comportamento di Massimo Ciancimino. Ne parlai con Ingroia e decidemmo subito di comune accordo di procedere al suo fermo per calunnia. Sapevamo bene che avremmo fortemente pregiudicato la credibilità di una fonte che aveva dato un contributo non indifferente alla prima fase delle indagini, ma decidemmo di agire comunque e con particolare rigore, arrestandolo. Non potevamo dare neanche la semplice impressione di trattare con riguardo un testimone sino a quel momento importante ai fini della nostra inchiesta. Ricordo ancora oggi il suo pianto irrefrenabile quando in carcere, a Parma, gli contestammo la gravità di ciò che aveva commesso. Ancora oggi resto convinto che Massimo Ciancimino, inizialmente mosso dalla volontà di riscattarsi dalla figura paterna, abbia perso la grande occasione per farlo collaborando con la magistratura senza se e senza ma.

Prendendo spunto dalla prime dichiarazioni di Ciancimino, lei aveva fatto riferimento al grande sonno di chi per anni aveva taciuto sull'argomento. A ricordare, infatti, importanti particolari sui dialoghi Ciancimino-Ros nel 1992, quasi vent'anni dopo furono uomini e donne di Stato. Tutti dall'eloquio forbito, dal portamento autorevole, che la materia la conoscevano benissimo, ma che si erano fin lì distinti per impenetrabile mutismo. Fin quando poterono non si accorsero di nulla.

La dottoressa Ferraro, il ministro Martelli, il presidente della Commissione antimafia Violante, il segretario generale della presidenza del Consiglio Fernanda Contri: solo dopo le dichiarazioni di Massimo Ciancimino ci riferirono di essere venuti a conoscenza, mentre era in corso, del rapporto fra i carabinieri e Vito Ciancimino. Circostanze utili a ricostruire il contesto della Trattativa ci vennero raccontate da esponenti di Stato vent'anni dopo. È ancora più grave che molti di loro erano stati a lungo interrogati come testimoni nei primi processi sulle stragi di Capaci e via D'Amelio ma, pur dilungandosi nella descrizione analitica dei loro rapporti con i giudici uccisi, non avevano fatto alcun riferimento a quello scenario. Nella mia requisitoria finale al processo ho parlato di omertà istituzionale. L'ho fatto consapevolmente, riferendomi non solo alle persone adesso citate. Anche altri sono stati completamente reticenti.

A chi si riferisce?

Le faccio due nomi davvero eccellenti: Oscar Luigi Scalfaro e Giovanni Conso. Ricordo quando il 15 dicembre 2010, con Ingroia e l'allora procuratore della Repubblica di Palermo Francesco Messineo, andammo a Palazzo

Giustiniani per interrogare Scalfaro. Gli chiesi se fosse a conoscenza dei motivi che avevano portato alla destituzione di Nicolò Amato da capo del Dap, il Dipartimento per l'amministrazione penitenziaria. Mi rispose gelidamente che lui non aveva ricordo nemmeno del nome di Amato. Capii immediatamente che stava mentendo ma, in quel momento, non potevo dimostrarlo. Tempo dopo, intanto il presidente Scalfaro era deceduto, acquisimmo prove inconfutabili che proprio Scalfaro aveva giocato un ruolo decisivo in quella rimozione. Ce lo riferirono testimoni e lo trovammo scritto nelle agende di Carlo Azeglio Ciampi, all'epoca dei fatti presidente del Consiglio.

Qual era la posizione di Conso?

Solo dopo che la nostra indagine fece emergere la circostanza della mancata proroga del carcere duro per 334 mafiosi, nel 1993, Conso ricordò i fatti. Alle nostre domande rispose assumendosi l'esclusiva paternità di quel segnale di distensione alla mafia proprio all'indomani delle bombe di Firenze, Roma e Milano. Una versione smentita dalla logica ancor prima che da altre testimonianze: Conso, ministro della Giustizia, aveva saputo da chi trattava con la mafia che per calmare la furia stragista era necessario fornire una prima risposta, la prima dimostrazione di una buona volontà, una mano tesa verso il nemico.

Ormai cercavate la prova del patto sporco. La prova introvabile. E metteste a soqquadro archivi e vecchi armadi, apriste scrivanie e schedari, interrogaste uomini di tutte le Armi e di tutti i servizi. Cozzaste con il muro di gomma?

Sì. E più andavamo avanti, più ci rendevamo conto di quanto fosse alto e impenetrabile quel muro di gomma al quale lei si riferisce. Ricordo il fastidio palpabile dei destinatari delle nostre domande e delle nostre richieste di documenti. Ricordo quando nel novembre 2009 andammo a Roma, alla sede centrale del Ros, e ordinammo che ci fosse messo a disposizione ogni documento che riguardasse, direttamente o indirettamente, Vito Ciancimino. Ci vennero mostrati alcuni faldoni che contenevano ogni tipo di notizia, persino semplici articoli di stampa, sull'ex sindaco di Palermo. Ma un particolare ci colpì subito: per il periodo che a noi interessava, giugno-dicembre 1992, non c'era neanche un foglio di carta. Proprio in quei mesi Mori e De Donno avevano trattato con Vito Ciancimino, lo avevano incontrato più volte nel suo lussuoso appartamento di via San Sebastianello, a Roma, lo avevano sentito parlare dei suoi rapporti con Riina e Provenzano. Ma non avevano annotato nulla, né una parola, né una data, né un ricordo. D'altra parte non stavano facendo il loro lavoro né per l'Arma dei carabinieri né per la magistratura.

La vostra ricerca si esaurì nella sede del Ros?

Negli stessi giorni delle visite al Ros, notificammo, senza preavviso, un ordine di esibizione al servizio segreto civile (Aisi) e a quello militare (Aise). Volevamo conoscere i loro archivi, leggere i loro documenti su Vito Ciancimino, la Trattativa con i carabinieri, la stagione delle stragi. Anche qui, su Ciancimino e Trattativa, buio completo. Fummo più fortunati nel trovare documenti che ci servirono a ricostruire il passato, anche remoto, di Mori, la sua pregressa appartenenza al Sid di Vito Miceli e Gianadelio Maletti negli anni delle trame nere e della strategia della tensione, segnati, anche in quel caso, da innumerevoli bombe e stragi. Trovammo invece, in un vecchio fascicolo archiviato dalla procura della Repubblica di Firenze, due pagine ingiallite, datate agosto 1993, su carta intestata del Sismi, il servizio segreto militare di allora. Proprio all'indomani degli attentati di via Palestro a Milano, di San Giovanni in Laterano e San Giorgio al Velabro a Roma, veniva denunciato il pericolo di un altro attacco frontale allo Stato. Una fonte dei servizi aveva infatti saputo che si stava preparando l'ennesimo omicidio con un bersaglio alternativo: o il presidente della Camera, Giorgio Napolitano, o quello del Senato, Giovanni Spadolini. Nessuno, sino a quel momento, ne aveva fatto parola. E dire che quell'ipotesi aveva fatto improvvisamente innalzare i livelli di protezione attorno alle massime cariche dello Stato. Perché sino a quel momento nessuno aveva aperto bocca sulle preoccupazioni che in quegli anni avevano agitato le segrete stanze del Potere?

E mentre andavate per archivi, pian piano che la memoria tornava agli immemori, e vi imbattevate nell'omertà di Stato, zitti zitti, intercettavate telefonicamente tutto l'intercettabile. Cosa emerse di altro?

Poco prima di chiudere l'indagine, decidemmo di chiedere al gip l'autorizzazione a intercettare le telefonate di alcuni fra indagati e protagonisti dell'inchiesta. Un giudice vagliò la fondatezza della nostra richiesta e autorizzò le intercettazioni delle conversazioni di Mori, Subranni, De Donno, Mancino e Conso. Il quadro che venne fuori dagli ascolti, indipendentemente dalla rilevanza di alcune di quelle conversazioni, fu estremamente chiaro. Non solo i diretti interessati, ma tutti i loro interlocutori istituzionali, manifestavano irritazione e fastidio per l'indagine di Palermo. Ma erano convinti che, prima o poi, tutto si sarebbe risolto in una bolla di sapone. Una archiviazione tombale di tutto. Un'altra cosa mi colpì. Uomini che ufficialmente ormai erano fuori dalle istituzioni, come Mancino e Mori, dimostravano di continuare a essere ancora capaci di influenzare scelte istituzionali anche importanti.

Può fare qualche esempio?

A Mori e De Donno si rivolgevano magistrati in servizio per perorare, attraverso membri laici del Csm, il buon esito di loro domande per il conferimento di incarichi direttivi. Mancino, a sua volta, interloquiva con procuratori generali della Cassazione, e consiglieri giuridici del capo dello Stato, per chiedere che la nostra indagine sulla trattativa venisse controllata se non addirittura trasferita per competenza. Dalla rete delle intercettazioni emerse inequivocabilmente il peso e la considerazione che Mori continuava ad avere in ambienti importanti di forze di polizia e servizi di sicurezza. Emersero anche rapporti diretti fra Mori, De Donno e Dell'Utri, che sino a quel momento erano sconosciuti. Ricordo che in un momento in cui la Cassazione aveva annullato con rinvio la condanna per Dell'Utri per concorso in associazione mafiosa, De Donno si congratulò con Dell'Utri e, d'accordo con Mori, gli propose di organizzare una cena di festeggiamento.

Ma l'autentica «bomba mediatica» esplose con la pubblicazione sui giornali del contenuto delle telefonate fra Mancino e Loris D'Ambrosio, consigliere giuridico di Napolitano. Che cosa si dissero i due?

Le telefonate non furono poche. E alcune particolarmente utili per le indagini. L'argomento di fondo era la richiesta di Mancino di coinvolgere Napolitano nella vicenda processuale che lo riguardava. Ci rendemmo subito conto che Loris D'Ambrosio, invece di tagliare corto di fronte a quegli argomenti, preferì dare corda al «privato cittadino» Mancino. Lo rassicurò in più occasioni riferendogli di aver prospettato le sue lagnanze e richieste a Napolitano e ai magistrati che si erano succeduti al vertice della procura generale della Cassazione. Ascoltando quelle telefonate, ci rendemmo conto ancora di più di quanto fosse alto e ramificato il livello istituzionale che era stato chiamato e aveva accettato di scendere in campo. Inutile, a questo punto, che io dica che non avevamo messo in alcun conto un tale livello dello scontro.

E che cosa si diceva in quella fase, della vostra inchiesta? Vi davano corda lunga, nella convinzione che vi sareste arresi all'evidenza che non avreste mai trovato la prova del patto sporco?

Avevamo la precisa sensazione che negli ambienti giudiziari, e anche all'interno della procura di Palermo, molti ci guardassero come coloro che stavano perdendo tempo. Serpeggiava la convinzione che ci stessimo solo divertendo a solleticare il Potere e che ci saremmo accontentati di questo risultato. Si aspettava che, da un momento all'altro, chiudessimo l'indagine con una richiesta di archiviazione. Avremmo così finito di «giocare» e saremmo tornati a occuparci solo di ordinaria amministrazione. Anche a Roma, negli ambienti che contano – ce ne accorgemmo dalle intercettazioni delle telefonate di Mancino – si diceva che non saremmo andati da nessuna parte. In fondo per noi poteva essere più comodo archiviare, magari segnalando per l'ennesima volta anomalie e opacità che avevano, nel tempo, contraddistinto i comportamenti di uomini di Stato. Potevamo mollare tutto. Dire: ci siamo sbagliati. Tutti sarebbero stati lì ad applaudirci. Noi, però, la pensavamo diversamente. E facemmo l'esatto contrario di quello che si aspettavano: chiedemmo il rinvio a giudizio. Per noi il processo era doveroso. Doveva essere un giudice a valutare se la mole dei dati raccolti fosse sufficiente a raggiungere il traguardo del dibattimento. Ci ostinavamo a pensare che quel giudice sarebbe stato finalmente chiamato a inquadrare in un contesto generale le inspiegabili vicende che si erano verificate negli anni delle stragi.

Ma proprio in quella fase, Giorgio Napolitano, presidente della Repubblica, con la violenza di un meteorite cascato dal cielo, piomba sul vostro lavoro con quel suo iroso conflitto di attribuzione. Vi tremarono le gambe e i polsi?

No. Avevamo la coscienza e la forza di chi aveva agito rispettando sempre la legge, e cercando solo la verità.

Intercettando Mancino, ci eravamo imbattuti casualmente in alcune sue conversazioni con il presidente della Repubblica. Con la solita professionalità e riservatezza, gli uomini della Dia di Palermo che ascoltavano le telefonate ci avvertirono tempestivamente. E ci chiamarono ad ascoltarle di persona. Valutammo subito che il contenuto era penalmente irrilevante ed estraneo all'inchiesta. Ovviamente, comprendevamo che si trattava di materiale scottante. Ma a noi non doveva interessare l'aspetto politico o etico delle conversazioni. E quindi decidemmo che non le avremmo depositate, insieme alle altre, al momento della chiusura dell'inchiesta e che, come stabilito dalla legge, avremmo attivato la procedura prevista dal codice per la loro distruzione davanti a un giudice. Procedura di legge che avrebbe comportato la possibilità per i difensori degli imputati di valutare anch'essi la loro irrilevanza. Accadde l'imprevedibile. Nei miei confronti si aprì subito un'indagine disciplinare sollecitata alla procura generale della Cassazione.

Era stato sufficiente imbattervi nel nome di Napolitano perché lei si ritrovasse sul banco degli incolpati?

Mi faccia fare una premessa. Erano state pubblicate alcune indiscrezioni di stampa che affermavano che, nelle conversazioni con Mancino, Napolitano aveva parlato della Trattativa. Non era vero. Per questo in un'intervista a un quotidiano nazionale mi limitai a dire che le conversazioni erano penalmente irrilevanti ed estranee alla materia del nostro processo. Venni accusato di avere così confermato, anche se indirettamente, l'esistenza di quelle conversazioni. Un paradosso. Proprio io, che avevo spiegato che i primi articoli di stampa attribuivano al presidente della Repubblica conoscenze e ingerenze inesistenti sulla Trattativa. Scoprii dopo, difendendomi nel giudizio disciplinare, che la mia intervista era stata segnalata alla procura generale proprio dagli uffici del Quirinale. La mia posizione venne archiviata dopo oltre un anno. Ricorderò per sempre l'interrogatorio al quale venni sottoposto. Era la prima volta che entravo negli uffici della Cassazione. Era estate, il Palazzaccio era quasi deserto, mentre salivo le scale avvertivo la grande amarezza di entrare per la prima volta in quel «Tempio della Giustizia» in veste di accusato. Ero però sereno e determinato perché sapevo che mi ero comportato da magistrato, certo di aver fatto solo il mio dovere. Ed ero fiero, come lo sono tutt'ora, di non aver mai rivelato ad alcuno, e sfruttato in alcun modo, i contenuti di quelle telefonate.

Questo è ciò che le accadde sul piano personale. Ma prima le chiedevo anche del conflitto di attribuzioni sollevato da Napolitano contro la procura di Palermo. Non fu forse quella l'iniziativa che fece saltare il tavolo?

L'impatto, non solo mediatico, della mossa del Quirinale fu devastante. Il capo dello Stato ricorreva alla Corte costituzionale perché sentiva le sue prerogative usurpate dalla condotta di un ufficio giudiziario. La procura di Palermo, che stava conducendo l'indagine sulla Trattativa Stato-Mafia, era accusata di avere violato poteri e garanzie della prima carica dello Stato, perché si era permessa di valutare la rilevanza o irrilevanza di quelle conversazioni. Un dato colpì me e i colleghi: prima di quelle telefonate, in due vicende giudiziarie distinte, due diverse procure – quella di Milano e quella di Firenze –, intercettando altri soggetti, avevano casualmente registrato telefonate con due capi dello Stato, Scalfaro e lo stesso Napolitano. In entrambi i casi, nonostante quelle conversazioni fossero irrilevanti per le rispettive inchieste, erano state tranquillamente depositate, e pubblicate in approfonditi articoli di stampa, nei loro contenuti testuali. Non era successo nulla. Nessun conflitto di attribuzioni. Nessun ricorso alla Corte costituzionale. Nessuno scandalo. Nessun procedimento disciplinare. Tutto normale. Ancora oggi mi chiedo: perché due pesi e due misure? Perché la reazione violenta solo nei confronti della procura di Palermo e dell'indagine sulla Trattativa Stato-Mafia?

Fatto sta che su quelle telefonate calò una pietra tombale per decisione della Corte costituzionale. Ma, a conti fatti, con quali conseguenze?

Le telefonate sono state distrutte senza che i difensori degli imputati le abbiano potute ascoltare. Loro non se ne sono rammaricati. Noi e gli uomini della Dia di Palermo conserviamo nitidamente il ricordo del contenuto di quelle conversazioni. Continueremo, ovviamente, a mantenere il segreto. Ma se oggi qualcuno si inventasse contenuti inesistenti, come è già capitato, ci troveremmo di fronte alla impossibilità di smentirlo con le registrazioni. La prova non esiste più. E nessuno, nemmeno un ex capo dello Stato, potrebbe difendersi da calunnie e falsità. E non dimentichiamo che quel conflitto, nei fatti, segnò uno spartiacque. La più alta carica dello Stato aveva indicato la procura di Palermo come ufficio giudiziario che poteva violare le regole. Aveva sostanzialmente tacciato di inaffidabilità i magistrati di quella inchiesta. Non è forse un caso che, da quel momento, i segnali di collaborazione pervenuti da qualche esponente istituzionale che aveva bussato alla nostra porta per riferirci fatti importanti si affievolirono per cessare del tutto.

Ormai vi avevano messi all'indice. Non avevate voluto capire l'antifona. Era in quel clima che vi preparavate per l'udienza preliminare?

Fu uno dei momenti più difficili. Ingroia, nel luglio del 2012, decise di lasciare l'ufficio per accettare un incarico per conto dell'Onu in Guatemala. Il collega Paolo Guido, che con me e Ingroia aveva seguito le ultime fasi delle indagini, aveva manifestato perplessità che lo spinsero ad abbandonare l'inchiesta. La collega Lia Sava, anche lei sino a quel momento intestataria del fascicolo, venne nel frattempo promossa e assunse il ruolo di procuratore aggiunto a Caltanissetta. Così rimanevo l'unico magistrato chiamato a sostenere il peso dell'accusa. Non a caso, proprio in quel momento, il procuratore capo di Palermo, Messineo, decise di affidare il processo anche al procuratore aggiunto Teresi e ai sostituti Del Bene e Tartaglia. Si formò così quel pool di colleghi che sarebbe arrivato alla sentenza. Si trattava adesso di preparare l'udienza preliminare. Il primo importante vaglio su correttezza, legittimità e solidità di un impianto accusatorio che aveva già fatto arricciare il naso a tanti critici denigratori.

E per voi, invece, il disco verde del gup assomigliò molto all'alba di un nuovo giorno?

Quell'udienza preliminare si articolò, nell'arco di alcuni mesi, in una decina di udienze fiume. Il giudice era Piergiorgio Morosini, notoriamente un magistrato di solida preparazione giuridica, noto per la sua indipendenza di giudizio e per la sua grande esperienza di processi di mafia. Dal numero e dal tipo di eccezioni procedurali sollevate dai difensori degli imputati, dalla veemenza degli interventi degli stessi avvocati e, spontaneamente, da alcuni degli imputati, comprendemmo subito quanto fosse alto il livello dello scontro. Morosini, prima di decidere, volle approfondire alcuni aspetti dell'inchiesta. E decise di interrogare in quell'udienza preliminare collaboratori di giustizia e testimoni eccellenti. Solo per sostenere la necessità del rinvio a giudizio, parlai per due intere udienze. Si trattava di esporre davanti a un giudice i risultati di anni di indagine. Quando il 7 marzo del 2013 Morosini si ritirò in camera di consiglio, tutti avevamo la consapevolezza che quella decisione avrebbe segnato il cammino dell'antimafia negli anni a venire. Ricordo la tensione nei volti di tutti, e la presenza di tanti inviati della grande stampa. Morosini rientrò in aula e lesse un lungo documento: il decreto che disponeva il giudizio per tutti gli imputati. Si sarebbe celebrato un processo che si annunciava clamoroso.

L'isolamento era finito. Ormai, non solo di pubblici ministeri viveva l'inchiesta sulla Trattativa fra lo Stato e la mafia. Avevate superato un primo vaglio, il più insidioso, il meno scontato. Eravate finalmente riusciti a convincere qualcuno della bontà delle vostre tesi. Quali furono le sue sensazioni in aula?

Provai un senso di liberazione. Finalmente tutto quello in cui avevamo creduto assumeva una luce diversa. Ai giornalisti che mi chiesero un commento dissi solo che quella decisione avrebbe dato ulteriore impulso all'intera inchiesta. E ripetei, ancora una volta, che non ci saremmo fermati. Quel giorno mi resi conto che anche qualche giornalista, forse inspiegabilmente, si attendeva un esito diverso.

Non è pensabile, in un solo libro, dar conto di tutti i momenti attraversati da un processo durato oltre cinque anni. L'opinione pubblica è stata investita, solo periodicamente, da quanto accadeva nell'aula del dibattimento. Ma una di queste occasioni coincise con il momento in cui la voce di Totò Riina, la iena sanguinaria di Cosa Nostra, entrò prepotentemente nel processo. Le sue parole aggiunsero o tolsero qualcosa alla materia del contendere in quel momento? Sapeva o no di essere intercettato?

Sin dall'inizio eravamo convinti che quelle sue esternazioni fossero genuine. Ricordo come ci accorgemmo subito che Riina, quando si trovava negli spazi esterni del suo carcere, confidava a Lorusso ciò che non avrebbe mai confessato se avesse avuto anche il semplice sospetto di essere intercettato.

Parlava di aspetti familiari e intimi della sua vita. Parlava di beni e quote societarie che nessuno gli aveva mai trovato. La sua lunga e inconsapevole confessione mi apparve subito come uno spaccato importante di decenni di vita di Cosa Nostra. Era la voce del capo. E parlava anche della Trattativa. Diceva che era stato «cercato» dallo Stato e che, a quel punto, «io al governo dovevo vendere i morti». Non lo sapeva ma stava dando forza proprio alla nostra ricostruzione. E forse anche per questo gli avvocati condussero una battaglia spasmodica per sostenere la tesi che Riina lanciava messaggi strumentali sapendo bene di essere intercettato. Non poteva essere così. Riina non avrebbe mai volutamente agito per aiutare la procura. Non era nei suoi interessi. Non era mai stato quello il modo di concepire il suo ruolo.

Un altro grande momento di coinvolgimento dell'opinione pubblica fu rappresentato dalla audizione di Napolitano al Quirinale. Lei ne ha già raccontato i presupposti. Ci racconti però come andò quella giornata al Quirinale a porte chiuse.

Con i colleghi del pool avevamo preparato con cura quell'interrogatorio. Avevamo deciso che le domande sarebbero state poste all'inizio da Vittorio Teresi, poi da me per la parte che riguardava la Trattativa in senso stretto. Avremmo preso spunto da una lettera scritta da Loris D'Ambrosio a Napolitano, il 18 giugno 2012. Lettera pubblicata da Napolitano in un libro dopo la morte del suo consigliere. In essa si faceva riferimento al timore di D'Ambrosio di essere stato, proprio fra il 1989 e il 1993, «solo un ingenuo e utile scriba di cose utili a fungere da scudo per indicibili accordi». A cosa si riferiva D'Ambrosio? A lui non potevamo più chiederlo. Ma a Napolitano sì. Per questo la Corte aveva deciso di ascoltarlo.

L'audizione si svolse il 28 ottobre 2014 in uno dei saloni del Quirinale che per l'occasione era stato attrezzato come un'aula di udienza. Al mattino, appena arrivati, tutti – giudici, pubblici ministeri, avvocati – avvertivamo la solennità del momento. Quando all'interno del Palazzo percorsi le scale mi ritrovai da solo accompagnato da un corazziere. Tutti gli uomini delle nostre scorte erano rimasti alla porta. Avvertii il peso di dover condurre un interrogatorio che il capo dello Stato, a più riprese, aveva dimostrato di non gradire. Nonostante gli avvocati, e non solo loro, avevano detto che l'adempimento sarebbe stato inutile, sapevo che l'interrogatorio era da fare.

Vi trovaste faccia a faccia con «l'Uomo del Colle», quello che, contro di voi, aveva sollevato il conflitto di attribuzioni. Quale fu la sua prima reazione?

Entrò in aula quando il presidente Montalto chiese di farlo accomodare. Si sedette e dopo aver salutato la Corte iniziò a rispondere a ciascuna domanda dei pubblici ministeri. Mi sembrò di avvertire, all'inizio, un certo fastidio nel rispondere. Non si rivolgeva a noi, preferiva guardare la Corte. Poi, poco alla volta, cambiò atteggiamento. E fornì alcune informazioni molto utili per il nostro processo. Non sullo scambio epistolare con D'Ambrosio, sul quale disse di non avere fatto in tempo a chiedere chiarimenti. Quanto sulla consapevolezza che tutte le più alte cariche dello Stato già nel 1993 avevano sull'origine e sul movente delle stragi di Firenze, Roma e Milano. Napolitano, che all'epoca dei fatti era presidente della Camera, ci disse che i più alti vertici dello Stato erano convinti che quegli attentati rispondessero a una precisa logica dei «corleonesi». Si trattava di un «aut-aut», un autentico «ricatto» allo Stato per ottenere benefici legati in particolare alla condizione dei detenuti mafiosi. Napolitano ci stava dicendo che lo Stato aveva capito sin dal primo momento di essere sotto ricatto. Non era poco, non era scontato che lo dicesse. Nessuno, sino a quel momento, ce lo aveva detto con tanta chiarezza. Altro che adempimento inutile.

Si potrebbe dire che il processo che apparentemente non stava in piedi, si stava facendo molto più robusto del previsto, ricco di sorprese inedite, denso di nuovi interrogativi che non smentivano le premesse, semmai erano destinati in futuro a confermarle. Trascorreranno altri due anni, dopo la testimonianza dell'«Uomo del Colle». Udienze che macineranno fatti, ricostruzioni, interrogatori di mafiosi e gente in giacca e cravatta, testimoni, consulenti, nuove intercettazioni telefoniche e ambientali. Ma a quel punto la sorpresa fu extraprocessuale. Le dissero: venga a Roma, a Palermo non ci sono più le condizioni per garantire la sua sicurezza personale. Scelga un ufficio giudiziario diverso da Palermo. La trasferiremo seduta stante. Era sottinteso che lei avrebbe dovuto lasciare per sempre la Sicilia. Perché disse no? Per ripicca o perché non voleva lasciare quel processo nel quale aveva creduto sin dall'inizio? E quelle sirene riuscirono almeno a tentarla?

Il processo andava avanti a ritmi serrati. Ogni tanto i colleghi che si occupavano di indagini di mafia sul territorio scoprivano altri elementi che confermavano l'attualità del progetto mafioso di eliminarmi. Quelle novità venivano comunicate a chi si occupava della mia protezione e al Consiglio superiore della magistratura che già da tempo aveva aperto un dossier sulla mia sicurezza. Nell'ottobre 2016 ricevetti una telefonata dal Csm alla luce dell'ennesima conferma del pericolo di un attentato. Venni convocato a Roma con urgenza. Il Csm riteneva che la situazione a Palermo si fosse fatta davvero insostenibile. Mi proponevano di accettare un trasferimento d'ufficio per «ragioni di sicurezza», una procedura assolutamente eccezionale che mai era stata attivata per un magistrato siciliano. Non ebbi neanche il tempo di pensarci e volai a Roma. Prima di essere sentito dalla prima commissione del Csm, con competenze in materia, parlai con il vicepresidente Giovanni Legnini, che volle incontrarmi nel suo studio. Mi disse che il Csm era disponibile a trasferirmi subito, anche alla procura nazionale antimafia, l'ufficio per il quale avevo in passato già fatto domanda, ma senza successo. Aggiunse che aveva parlato di ciò con il capo dello Stato Sergio Mattarella. Chiesi tempo, non diedi nessuna risposta. E dopo il colloquio con Legnini, quello stesso giorno, venni ascoltato dalla prima commissione al gran completo. Anche loro batterono sullo stesso tasto. Con loro mi impegnai a sciogliere la mia riserva entro quindici giorni.

Ma era facile soprassedere a una proposta tanto autorevole e in fin dei conti allettante, che veniva dall'intero Csm?

Per niente. In fondo, alla procura di Palermo, a parte il processo sulla Trattativa, ero costretto a occuparmi di inchieste e processi di piccola criminalità ordinaria e quotidiana. Mi stavano offrendo quell'ufficio, la procura nazionale antimafia, che mi avrebbe permesso di allontanarmi dai rischi palermitani, continuando però a occuparmi di mafia.

Se non ho capito male, però, il processo della Trattativa avrebbe dovuto lasciarlo. E sarebbe stato un gran peccato.

È ovvio: se fossi stato trasferito d'ufficio per ragioni di sicurezza non potevo poi pretendere di essere applicato, ormai da Roma, per finire il processo a Palermo. Ma in cuor mio, sin da quando conobbi la proposta, avvertivo dentro di me ragioni che mi imponevamo di rifiutare.

Quali?

Volevo arrivare alla Direzione nazionale antimafia vincendo un regolare concorso e non con procedure che potevano apparire scorciatoie. Volevo portare a termine il lavoro iniziato e giunto ormai agli snodi cruciali. Non volevo dare nemmeno l'impressione di fuggire dal processo e dai rischi che venivano prospettati da più parti. Quando, riconvocato a Roma, comunicai e formalizzai al Csm il mio rifiuto, spiegai tutte queste ragioni. E aggiunsi che accettare un trasferimento per motivi di sicurezza sarebbe stato un segnale di resa che le istituzioni non potevano permettersi.

Il tempo è stato galantuomo con lei. Alla procura nazionale, alla fine, ci è andato ma dopo aver vinto quel regolare concorso che tanto auspicava. E dopo aver portato a termine, con la requisitoria finale, il suo lungo impegno nel processo. In fondo ha avuto ragione, aveva visto giusto?

La mia non fu una scelta calcolata e neanche una scommessa. Sentivo che era giusto, in quel momento, restare al mio posto. Mettevo persino in conto l'ennesima mortificazione delle mie aspirazioni di carriera ma anche l'eventualità di una sconfitta processuale a Palermo.

Appena un anno dopo, lei indosserà la toga per l'ultima volta in quel processo di Palermo, chiamato a pronunciare una requisitoria dalla quale sarebbe dipeso tutto.

Fu un impegno gravoso ed esaltante che condivisi con Teresi, Del Bene e Tartaglia. Dieci lunghissime, estenuanti udienze per ricapitolare, sintetizzandola, una mole enorme di atti processuali. Per illustrare la fondatezza della nostra tesi d'accusa. Per cercare di dare una visione di insieme di tanti episodi che, se considerati isolatamente, avrebbero fatto perdere di vista la loro essenza, la loro unitarietà, la loro spiegazione.

Ricordo che le sue conclusioni furono tutt'altro che formali in un'aula in cui era calato il gelo.

A conclusione della requisitoria, avvertivo l'esigenza di dovere esternare, anche in nome dei colleghi, ciò che provavamo, qualcosa che andasse oltre la fredda meccanica processuale.

Cosa disse?

Rileggo le battute finali di quella lunga requisitoria: «Questo processo si è portato dietro, ed è destinato a portarsi dietro, una scia infinita di veleni e polemiche. Già nella fase delle indagini ho iniziato a capire il costo che avrei pagato. Non mi sbagliavo. Hanno più volte affermato, fino a pochi giorni fa, che la nostra azione è stata caratterizzata persino da finalità eversive. Nessuno ha reagito, nessuno ci ha difesi. Lo avevamo messo nel conto, perché così accade in quei casi, poco frequenti, in cui l'accertamento giudiziario non si limita a ricostruzioni minimalistiche di aspetti criminali ordinari, ma si rivolge alla individuazione di profili più alti e di causali più complesse. Quelle che corrono parallele non al singolo fatto criminoso ma a una vera e propria strategia... Abbiamo una sola consapevolezza che ci fa vivere, con umiltà, ma con un orgoglio che nessuno ci potrà togliere, un sentimento: quello di avere agito esclusivamente per cercare la verità, nel rispetto della legge, rifuggendo da ogni calcolo di convenienza. Anche nei momenti più difficili nei quali abbiamo avvertito una sensazione di profondo isolamento, avevamo la serena determinazione di chi sapeva di stare semplicemente compiendo il suo dovere di magistrato, in obbedienza al principio sancito dalla Costituzione dell'eguaglianza di tutti i cittadini di fronte alla legge».

Può ritenersi soddisfatto, dottor Di Matteo.

Questa storia la Corte d'assise di Palermo l'ha ricostruita così

di Nino Di Matteo

Il 19 Luglio del 2018, rispettando il termine procedurale dei novanta giorni dalla pronuncia del dispositivo, il presidente Montalto ha depositato le motivazioni della sentenza che ha condannato mafiosi e uomini dello Stato. 5252 pagine.

Un'opera monumentale. Una ricostruzione precisa, dettagliata, approfondita degli anni bui dello stragismo che segnarono il passaggio dalla Prima alla Seconda Repubblica.

Ogni vicenda, ciascun fatto sviscerato in tutti i particolari emersi dal processo. Ogni segmento di una storia complessa correttamente valutato in collegamento con gli altri, precedenti e successivi. Con una logica stringente e con una visione d'insieme che, finalmente, si è dimostrata in grado di superare i limiti e i pericoli di valutazioni frammentate e riduttive che avevano caratterizzato altri processi.

5252 pagine. Ogni pagina una pietra, un pugno nello stomaco di chi per anni non aveva capito o aveva fatto finta di non capire. Per i distratti e per i «negazionisti» per vocazione. Quelli per cui la storia della mafia è solo bassa macelleria criminale. Non impressiona tanto il dato numerico. C'è molto altro: la chiarezza espositiva, la profondità di ogni argomentazione in fatto e in diritto, la dimostrazione della grande autonomia intellettuale di giudici che non si sono mai pregiudizialmente e acriticamente adeguati alle tesi delle parti processuali.

Una visione d'insieme, un quadro generale che ha permesso di valutare la condotta di ciascun imputato anche in relazione alla sua personalità, al suo comportamento processuale, ai suoi trascorsi criminali o professionali. Una ricostruzione che ha consentito di dipanare un filo rosso che collega vicende apparentemente distinte: la Trattativa – il dialogo che attraverso Vito Ciancimino, i carabinieri del Ros ottennero con i vertici di Cosa Nostra – la minaccia dei mafiosi nei confronti del governo della Repubblica che ne conseguì, i misteri legati alla cattura di Riina e alla mancata perquisizione del suo covo, l'interminabile latitanza (quarantatré anni!) di Provenzano e le coperture istituzionali di quella vergogna; le minacce, le rivendicazioni, i sinistri preannunci della «Falange Armata» che accompagnarono stragi e attentati tra il 1991 e il 1994; le vicende istituzionali connesse all'avvicendamento del ministro dell'Interno Scotti, il siluramento del capo delle carceri Nicolò Amato, il segnale di distensione che lo Stato volle dare alla mafia con la mancata proroga di 334 decreti di sottoposizione al regime del 41 bis di importanti esponenti della criminalità organizzata; l'evoluzione delle strategie politiche di Cosa Nostra: dal sogno federalista all'appoggio, incondizionato e condiviso dalle diverse anime dell'organizzazione mafiosa, al nascente partito politico «Forza Italia». La formazione del primo «governo Berlusconi» nel 1994 e il rinnovo della Trattativa e delle minacce non più attraverso il canale dei carabinieri ma, stavolta ricorrendo a quello già sperimentato in passato, di Dell'Utri-Berlusconi.

Tutto è collegato, tutto si tiene; ciascun passaggio della ricostruzione illumina la comprensione degli altri. Una storia complessa che la motivazione della sentenza ripercorre in parallelo a quella delle stragi che insanguinarono il paese. Quelle siciliane e quelle del «continente». Quelle realizzate e quelle fallite; gli omicidi eccellenti eseguiti e quelli il cui progetto venne improvvisamente abbandonato. Stato e mafia. Una mossa lo Stato, una contromossa Cosa Nostra. Un gioco di specchi, una guerra di posizioni giocata ad alti livelli, un intreccio di apparenze create ad arte per nascondere una realtà indicibile. Verità destinate per sempre a rimanere nascoste e che, per questo, venivano ostinatamente taciute anche da uomini dello Stato che avevano l'obbligo di non tacere. Tutto questo, lo affermano i giudici sulla base di prove granitiche, con una conseguenza terribile nella sua cruda semplicità: la Trattativa, la manifestata disponibilità al dialogo con la mafia, il cedimento di una parte dello Stato, rafforzarono in Riina e nei suoi seguaci il convincimento che la scelta di attaccare frontalmente le istituzioni – a suon di bombe, ricatti e richieste – era quella giusta. Serviva a costringere definitivamente alla resa uno Stato che aveva già iniziato a piegare le ginocchia. La Trattativa non evitò altro sangue. Lo provocò. Con altre stragi, a partire da quella di via D'Amelio, che muovevano dalla logica di intimorire ancora di più l'interlocutore istituzionale, la controparte di un dialogo scellerato e segreto.

Sono tante, troppe per essere raccontate in un libro, le conclusioni dei giudici destinate a diventare pietra miliare nella ricostruzione di quegli anni. La sentenza può essere apprezzata nella sua importanza solo se conosciuta nella sua interezza. Alcuni passaggi diventano però emblematici per comprenderne la rilevanza, destinata a trascendere gli angusti limiti delle aule dei tribunali, e per fare definitiva chiarezza su alcune questioni oggetto di aspre polemiche. Provo a riassumerli.

- Nella contestazione di reato del pm, gli autori del delitto di minaccia al governo della Repubblica sono i mafiosi, mentre i carabinieri per un verso, e Dell'Utri per un altro, sono stati correttamente incriminati in applicazione della disciplina della responsabilità penale a titolo di concorso. Devono infatti ritenersi punibili, quali compartecipi del reato, anche coloro che suscitano e fanno sorgere o rafforzano in altri un proposito criminoso, oltre che coloro che pongono in essere una compartecipazione materiale, che può assumere diverse forme, tale da consentire consapevolmente il verificarsi dall'evento punito dalla norma penale.

- La Trattativa ci fu ed ebbe la sua prima concreta manifestazione quando gli ufficiali del Ros contattarono Vito Ciancimino per creare un rapporto con Riina al fine di comprendere da cosa derivasse il «muro contro muro» tra la mafia e lo Stato e quali fossero le condizioni alle quali Cosa Nostra sarebbe stata disponibile ad abbandonare la strategia stragista appena intrapresa.
- Non può ritenersi lecita in via generale una Trattativa da parte di rappresentanti delle istituzioni statuali non eventualmente con singoli componenti di una associazione mafiosa e nei limiti delle concessioni che lo Stato può riconoscere in forza di disposizioni di legge, bensì con soggetti che si pongono in rappresentanza dell'intera associazione mafiosa e richiedono, nell'interesse di questa, benefici che esulano dai parametri

normativi e interventi che alterano il libero formarsi della discrezionalità politico-amministrativa.

- La Trattativa avviata dai carabinieri comportò di fatto un grave e implicito riconoscimento, da parte dello Stato, della organizzazione criminale Cosa Nostra e il suo conseguente, inevitabile rafforzamento.
- Le preoccupazioni dell'onorevole Mannino non sono estranee alla maturazione degli eventi poi definiti come Trattativa Stato-Mafia. Mannino, ben consapevole di essere ormai nel mirino di Cosa Nostra, non si è rivolto a coloro che avrebbero potuto rafforzare le misure di sicurezza già adottate nei suoi confronti, bensì ad alcuni ufficiali dell'Arma «amici» e innanzi tutto, tra questi, al generale Subranni. Anche questo contribuì alla decisione dei carabinieri di contattare Vito Ciancimino.
- Può ritenersi provato che il generico progetto di uccidere Borsellino subì una improvvisa accelerazione proprio nei giorni immediatamente precedenti la strage di via D'Amelio. Quell'invito al dialogo pervenuto a Riina dai carabinieri attraverso Vito Ciancimino costituisce un sicuro elemento di novità che può certamente aver determinato l'effetto dell'accelerazione dell'omicidio di Borsellino. Riina intese approfittare di quel segnale di debolezza proveniente dalle istituzioni dello Stato per lucrare quindi, nel tempo, vantaggi ancora maggiori per l'organizzazione dopo

quell'ulteriore manifestazione di incontenibile violenza, concretizzatasi nella strage di via D'Amelio.

- Pur accettando la Trattativa, Riina per evitare che la stessa si arenasse continuò nella strategia di attacco allo Stato, alla quale vanno ricondotte oltre che la strage di via D'Amelio anche il tentato omicidio di Calogero Germanà (il funzionario di polizia miracolosamente scampato ai killer mafiosi gettandosi in mare a Mazara nel settembre del '92), l'uccisione di Ignazio Salvo, oltre che alcuni progetti omicidiari dell'autunno del 1992 per varie evenienze fortunatamente non portati a termine. Tra questi quelli in danno del giudice Pietro Grasso.
- È assolutamente grave e oltremodo significativo il fatto che, nel lungo periodo dei loro contatti con Vito Ciancimino, gli ufficiali del Ros non adottarono alcuna iniziativa investigativa, non riferirono nulla all'autorità giudiziaria, e invece, a dimostrazione che la loro era una iniziativa «politica», si siano rivolti e abbiano riferito dei loro contatti con Ciancimino a esponenti del governo e del Parlamento. Tra questi Liliana Ferraro, Fernanda Contri e il presidente della Commissione antimafia Luciano Violante. Il fatto che Mori si sia fatto portavoce di Ciancimino parlando con Violante rafforza inevitabilmente la tesi che, sia pure nell'ottica di una contropartita, Mori intendeva assecondare, e di fatto assecondò in più casi, le richieste che gli provenivano dalla controparte.

- Estremamente grave e del tutto anomalo è il fatto che gli ufficiali del Ros non lasciarono alcuna traccia scritta della esistenza e della evoluzione dei loro rapporti con Vito Ciancimino. Nessun corpo investigativo può consentire che le conoscenze acquisite da un suo investigatore, soprattutto se, come nel caso di quelle fornite da Vito Ciancimino, sin dall'inizio ritenute di estrema importanza tanto da darne informale notizia al più alto livello politico, rimangano racchiuse esclusivamente nella mente e nella memoria dello stesso investigatore.
- È stato provato che Riina, già nell'autunno del 1992, in risposta alla sollecitazione veicolatagli da Vito Ciancimino, aveva condizionato la cessazione della strategia stragista al ricevimento di benefici tra i quali, i più urgenti, a vario titolo interessanti i detenuti di Cosa Nostra.
- La condotta dei carabinieri, guidati da Mori, in occasione dell'arresto di Riina, desta profonde perplessità mai chiarite. È quello l'unico caso nella storia della cattura di latitanti appartenenti a una associazione mafiosa (ma anche di latitanti responsabili di altri gravi reati) in cui non si è proceduto all'immediata perquisizione del luogo in cui il latitante viveva; e tale anomalia appare ancora più grave se rapportata alla figura di Salvatore Riina, in quel momento indiscutibilmente il ricercato numero uno al mondo. L'anomala

omissione della perquisizione deve essere inquadrata in un contesto omissivo più vasto, diretto a preservare da possibili interferenze la propria interlocuzione con i vertici dell'associazione mafiosa, già intrapresa nei mesi precedenti. La mancata perquisizione del covo fu un segnale di disponibilità al mantenimento (o alla riapertura) del dialogo nel senso del superamento della contrapposizione frontale di Cosa Nostra con lo Stato.

- Dopo la cattura di Riina in Cosa Nostra prevalse l'idea che il messaggio minaccioso per ottenere i benefici già richiesti sarebbe stato meglio percepito dal governo della Repubblica se le nuove stragi fossero state compiute in danno di monumenti e ancor più non nella periferica Sicilia, nella quale confinare il problema «mafia», ma nelle principali città della nazione.
- Il problema più urgente che i mafiosi volevano risolvere era quello del 41 bis e, più in generale, del trattamento carcerario ritenuto troppo afflittivo e pesante per gli affiliati detenuti. Era necessario, prima di ogni altra cosa, che fosse rimosso dal suo incarico il capo del Dap Nicolò Amato. Il presidente della Repubblica Scalfaro, contrariamente a quanto dichiarato al pm il 15 dicembre 2010, e smentito perfino dalle annotazioni contenute nelle agende dell'allora presidente del Consiglio Ciampi, ebbe un ruolo attivo nella fase della sostituzione del direttore Amato, preoccupandosi

non soltanto del sostituto di quest'ultimo (Adalberto Capriotti) ma persino della nomina del suo vice (Francesco Di Maggio).

- Il capo della polizia Vincenzo Parisi propugnava una linea meno dura nella gestione del problema carcerario. E catechizzò adeguatamente Di Maggio sulla necessità di attenuare in quel momento la durezza del regime carcerario. Già nel marzo del 1993 al nuovo ministro della Giustizia Giovanni Conso fu rappresentato lo stretto collegamento tra la contrapposizione frontale di Cosa Nostra, e quindi le stragi, e il regime carcerario dei detenuti per mafia. Quella rappresentazione fattuale pervenne al ministro medesimo attraverso il canale informativo Mori-Di Maggio. Furono questi i presupposti di una «politica della mano tesa» nei confronti dei mafiosi che sfociò nella decisione del ministro Conso di non prorogare, a partire dal novembre del 1993, 334 decreti di sottoposizione al regime carcerario del 41 bis. Beneficiarono di quella sciagurata determinazione anche molti esponenti mafiosi di primo piano e di notorio rilievo. Quella mancata proroga segnò un'inversione di tendenza rispetto alla politica della fermezza e del rigore che aveva caratterizzato fino a quel momento l'azione del ministero della Giustizia.
- La minaccia del male ingiusto (l'organizzazione di altre stragi) che era iniziata con Riina libero, era stata

rinnovata da chi (Bagarella, Brusca, Graviano e Matteo Messina Denaro) ne aveva raccolto il testimone. Quella minaccia fu certamente percepita dal ministro Conso e fu il conseguente timore in lui suscitato a indurlo a lanciare un preciso segnale di distensione attraverso la non proroga del 41 bis anche per molti esponenti di rilievo di Cosa Nostra. Una vera e propria resa.

- Il fallito attentato ai carabinieri in servizio di ordine pubblico allo Stadio Olimpico di Roma, il 23 gennaio 1994, il duplice omicidio dei carabinieri Fava e Garofalo a Villa San Giovanni il 18 gennaio del 1994, e gli altri agguati, tra il dicembre 1993 e il febbraio 1994, per fortuna non mortali, ad altri carabinieri in servizio a Reggio Calabria, rappresentarono il frutto di una strategia congiunta tra Cosa Nostra e 'ndrangheta. Si decise di colpire non più monumenti e vittime indefinite nella loro qualità, bensì direttamente l'Arma dei carabinieri alla quale appartenevano coloro i quali (Subranni, Mori e De Donno) avevano cercato e ottenuto l'approccio con i vertici di Cosa Nostra. Le mafie non potevano accontentarsi della revoca del 41 bis decisa dal ministro Conso; volevano sfruttare quel segnale di cedimento dello Stato per ottenere anche altro. Avevano deciso di colpire i carabinieri proprio per mandare un messaggio con il preciso scopo di riallacciare un dialogo che sembrava interrotto.

- L'attentato all'Olimpico, se fosse riuscito, avrebbe definitivamente messo in ginocchio lo Stato; avrebbe cambiato la storia di questo paese, aprendo le porte a una fase di instabilità e incontrollabilità del fenomeno mafioso, foriera di esiti certamente negativi per la sopravvivenza stessa delle istituzioni democratiche.
- La rivendicazione degli attentati con l'utilizzo della sigla «Falange Armata» costituì il modo attraverso il quale Cosa Nostra volle rafforzare la minaccia, allora in corso, diretta al governo, accompagnando alle rivendicazioni la prospettazione di ulteriori stragi dirette a provocare centinaia di vittime.
Sono emersi numerosi e significativi indizi in merito alla possibilità che la «Falange Armata» abbia avuto origine nell'ambito dei servizi di sicurezza dello Stato. In ogni caso appare del tutto improbabile che un mafioso rozzo come Riina abbia autonomamente potuto pensare di utilizzare quella sigla per rivendicare gli attentati di Cosa Nostra.
- Anche per la mancata cattura di Benedetto Santapaola nell'aprile del 1993 a Terme Vigliatore, in provincia di Messina, emergono evidenti e inspiegabili anomalie e opacità nell'operato del Ros guidato da Mori. La tesi, prospettata dalla difesa di Mori, della mera casualità della presenza dei militari del Ros a Terme Vigliatore, offende l'intelligenza di chiunque legga le risultanze probatorie acquisite. Appare grave il fatto che il Ros

attivò subito un'azione di sostanziale depistaggio anche nei confronti dell'autorità giudiziaria nascondendo le chiare risultanze della presenza in quei luoghi di Benedetto Santapaola. È fortissimo il sospetto che la condotta del Ros sia stata finalizzata a far sì che Santapaola potesse in quella circostanza allontanarsi indenne da Terme Vigliatore.

- È assolutamente certo e provato che il 31 ottobre 1995 vi fu un incontro tra Luigi Ilardo e Bernardo Provenzano nelle campagne di Mezzoiuso e che Mori e Subranni ne vennero informati preventivamente. È altrettanto certo che i due alti ufficiali, benché a conoscenza della elevatissima attendibilità della fonte (Luigi Ilardo), che aveva riferito la notizia, non predisposero per quel 31 ottobre un servizio adeguato alla importanza del possibile obiettivo e alle capacità investigative del Ros. È assolutamente inspiegabile l'inerzia investigativa che seguì nell'immediatezza dell'avvistamento delle autovetture giunte nei pressi del casolare in cui avvenne l'incontro e, ancor più l'inerzia investigativa dei giorni e mesi successivi accompagnata, secondo un metodo evidentemente già sperimentato, dall'assoluto silenzio nei confronti dell'autorità giudiziaria di Palermo che avrebbe dovuto coordinare le indagini per la ricerca del latitante.
- Il reato di minaccia a corpo politico dello Stato si è consumato anche nei confronti del primo governo

Berlusconi. Già in occasione della formazione del partito politico Forza Italia maturò in Cosa Nostra (tanto nell'ala facente capo agli alleati di Riina, tanto nell'ala contrapposta facente capo a Provenzano) la decisione di appoggiare il partito appena costituito nella precisa convinzione che, grazie al canale diretto con il suo fondatore Silvio Berlusconi, garantito dagli ampiamente sperimentati rapporti con Marcello Dell'Utri, si sarebbero potuti ottenere i benefici per i quali tutta l'organizzazione si era impegnata sin dal 1992. È stato pienamente provato che Vittorio Mangano (lo «stalliere» di Berlusconi ad Arcore, nel 1994 reggente dello storico mandamento mafioso di Porta Nuova a Palermo), su incarico di Brusca e Bagarella contattò Dell'Utri, ricevendo da questi assicurazioni che si sarebbe adoperato per ottenere modifiche legislative nell'interesse dell'associazione mafiosa. Sono stati provati incontri personali e diretti tra Mangano e Dell'Utri sia nel giugno-luglio '94 che nel dicembre di quello stesso anno. Non si può dubitare che Dell'Utri abbia effettivamente riferito a Berlusconi quanto di volta in volta emergeva dai suoi rapporti con l'associazione mafiosa, mediati da Vittorio Mangano.

- Il fatto che Berlusconi fosse stato sempre messo a conoscenza di tali rapporti è incontestabilmente dimostrato dall'esborso da parte delle società facenti capo a Berlusconi di ingenti somme di denaro. È stato dimostrato che tali pagamenti sono proseguiti anche dopo che Berlusconi aveva assunto l'incarico di presidente del Consiglio; almeno fino al dicembre 1994 quando a Giusto Di Natale (mafioso palermitano del mandamento della Noce) fu fatto annotare il relativo versamento di duecentocinquanta milioni nel «libro mastro» che in quel momento egli gestiva.

- È stato effettivamente riscontrato che, così come era stato fatto sapere a Mangano in anteprima, tra le pieghe nascoste del decreto numero 40 del 14 luglio 1994 – quello passato alla storia come decreto «salvaladri» – vi era anche una modifica delle norme del codice in materia di custodia cautelare che avrebbe eliminato per i mafiosi la regola per la quale in presenza di esigenze cautelari il giudice doveva necessariamente prevedere la custodia in carcere, e mai altra misura meno afflittiva.
- Le intercettazioni delle conversazioni tra Riina e il suo compagno di socialità Alberto Lorusso sono connotate, almeno per quanto riguarda Riina, dall'assoluta spontaneità e genuinità dei suoi racconti e delle sue parole. Quelle conversazioni si sono rivelate molto utili a riscontro di numerosi passaggi della ricostruzione della Trattativa con lo Stato e di stragi e delitti eccellenti di cui Riina con orgoglio criminale rivendicava la paternità.

- Le intercettazioni ambientali tra Giuseppe Graviano e il compagno di socialità Umberto Adinolfi rivelano che i due sospettavano di essere intercettati e, quindi si approcciavano in modo estremamente guardingo. Nonostante quel sospetto Graviano in taluni casi ha affrontato argomenti riservati con il suo interlocutore, facendo in modo che comunque, grazie all'adozione di specifiche cautele, non fossero ascoltabili quei passi dei colloqui. Non sempre Graviano è riuscito nel suo intento. Talvolta, vuoi per un fisiologico «abbassamento della guardia», vuoi perché faceva affidamento sulle cautele adottate, si è lasciato andare a qualche confidenza importante. Le risultanze di quelle intercettazioni denotano alcuni dati importanti: la delusione per la mancata abolizione dell'ergastolo da parte del governo guidato da Berlusconi; l'esistenza di assicurazioni che Berlusconi e Dell'Utri avevano già fornito a Graviano quando nel gennaio del 1994 questi ebbe a manifestare particolare felicità a Spatuzza perché, grazie a Berlusconi e Dell'Utri, si erano messi «il paese nelle mani»; il conseguente risentimento nei confronti di Berlusconi per non avere questi rispettato i patti; la più o meno esplicita minaccia di riferire i rapporti avuti con Berlusconi prima del suo arresto il 27 gennaio 1994.
- Non si può e non si deve attribuire alcuna valenza probatoria alle dichiarazioni testimoniali di Massi-

mo Ciancimino. In presenza di un così aggrovigliato intrecciarsi di figure in un unico personaggio, è veramente arduo discernere nelle dichiarazioni di Massimo Ciancimino il vero dal falso. Sono i documenti del padre Vito a costituire in massima parte la fonte delle conoscenze poste da Massimo Ciancimino a base delle sue ricostruzioni o, per meglio dire, a costituire il canovaccio su quale egli ha imbastito le sue storie. Il giudizio di non credibilità generale di Massimo Ciancimino comporta la totale inutilizzabilità di tutte le sue dichiarazioni e quindi anche di quelle che hanno trovato inaspettate e straordinarie conferme. Da questo giudizio non può farsi derivare una valutazione negativa della reale esistenza di fatti risultanti da altri elementi di prova solo perché riferiti anche da Ciancimino.

- Nel corso del dibattimento numerose e qualificate sono state le testimonianze rese da esponenti della politica e delle istituzioni per le quali sono emersi forti dubbi e in alcuni casi l'assoluta certezza di reticenze e falsità rispetto ad altre contrastanti emergenze probatorie. Altrettante perplessità sorgono con riferimento al notevole ritardo – quasi vent'anni – con il quale testimoni eccellenti (tra questi l'onorevole Martelli, il magistrato Ferraro, l'onorevole Violante) hanno reso dichiarazioni rispetto a fatti accaduti nel periodo delle stragi.

- Dalla testimonianza di altri esponenti politici dell'epoca, tra questi l'onorevole De Mita, emerge un altro dato che suscita particolare sconcerto. Esponenti di vertice dei principali partiti nel periodo stragista relegavano in secondo piano quei terribili fatti delittuosi rispetto al principale interesse indirizzato a vicende e interessi di partito. Tra questi nel 1992, subito dopo la strage di Capaci, quelli della formazione di un nuovo governo che tenesse conto del peso delle correnti interne alla Democrazia cristiana e delle aspirazioni personali di alcuni politici.
- La testimonianza resa dal presidente della Repubblica Giorgio Napolitano si è rivelata processualmente utile per comprendere quale fosse la percezione degli alti vertici istituzionali (nel 1993 l'onorevole Napolitano era presidente della Camera dei deputati) su origine e movente della campagna stragista. Napolitano, rispondendo a una domanda del pubblico ministero, precisò che «la valutazione comune alle autorità istituzionali in generale e di governo in particolare fu che si trattava di nuovi sussulti di una strategia stragista dell'ala più aggressiva della mafia... questi attentati si susseguirono secondo una logica che apparve unica e incalzante, per mettere i pubblici poteri di fronte a degli "aut-aut" che potessero avere per sbocco una richiesta di alleggerimento delle misure soprattutto della custodia in carcere dei mafiosi».

- Non è stata raggiunta la prova per ritenere integrato il reato di falsa testimonianza contestato in questo processo al senatore Nicola Mancino. Ma le intercettazioni telefoniche dei suoi colloqui con l'allora consigliere giuridico del capo dello Stato, Loris D'Ambrosio, dimostrano le ripetute sollecitazioni indirizzate da Mancino al presidente della Repubblica. Quelle sollecitazioni, in un primo tempo indirizzate in modo del tutto informale e irrituale a soggetti istituzionali e infine ufficializzate con lettera inviata il 27 marzo 2012 al presidente della Repubblica, hanno dato luogo al coinvolgimento della procura generale presso la Cassazione con la convocazione del procuratore nazionale antimafia. Il coordinamento sollecitato da Mancino non riguardava in realtà atti investigativi compiuti o ancora da compiere da diversi uffici del pubblico ministero, ma le valutazioni conclusive delle indagini. Per questo non trovò infine alcuna sponda negli uffici giudiziari che Mancino voleva coinvolgere.
- Quelle sollecitazioni si pongono al di fuori di ciò che l'ordinamento consente e se fossero state avanzate da altro soggetto che, a differenza di Mancino, non avesse avuto la possibilità di accedere a canali privilegiati di ascolto, sarebbero state inesorabilmente destinate a non avere alcun seguito.
- Molti collaboratori di giustizia, provenienti dai ranghi delle organizzazioni mafiose, hanno fornito un

importante contributo all'accertamento dei fatti. Tra questi anche l'imputato Giovanni Brusca che, tra i primi, spiegò la strategia di Cosa Nostra che correva parallela al dialogo a distanza con esponenti istituzionali. I tanti e significativi riscontri alle dichiarazioni di Brusca comportano la valutazione della sussistenza della speciale attenuante prevista quando le dichiarazioni del collaborante assumono il carattere della particolare attendibilità e rilevanza, e, per l'effetto, sul calcolo della pena, del riconoscimento di questa attenuante, la dichiarazione di estinzione del reato contestatogli per la sua prescrizione.

- L'analisi dei trascorsi professionali di Mario Mori, il suo coinvolgimento, nel periodo in cui faceva parte del Sid (Servizio informazioni e difesa) in indagini relative alle trame eversive degli anni Settanta, l'emersione nel dibattimento di elementi di collegamento con Licio Gelli, contribuiscono a meglio valutare la personalità e il modus operandi dell'imputato.
- L'iniziativa intrapresa con Vito Ciancimino, la mancata perquisizione del covo di Riina, la vicenda delle mancate catture di Provenzano e Santapaola sono tutti comportamenti che denotano l'insofferenza di Mori alle regole e, soprattutto, ai doveri che connotano le attività di polizia giudiziaria rispetto all'autorità giudiziaria che ne è referente. Mori ha ritenuto in più occasioni di potersi sottrarre agli obblighi derivanti

dalle funzioni svolte, sulla scorta di valutazioni che non gli competevano e senza informare l'autorità giudiziaria.

- Il reato di minaccia a corpo politico dello Stato per il quale sono stati condannati mafiosi e uomini delle istituzioni è stato di una gravità estrema. Per il danno e il pericolo cagionati alle istituzioni. Sia per le materiali conseguenze che ne sono derivate (non solo le stragi ma anche gli innumerevoli attentati omicidiari), sia per la compromissione del funzionamento delle più alte istituzioni preposte alla vita democratica del paese. Senza l'improvvida iniziativa dei carabinieri la spinta stragista si sarebbe inevitabilmente esaurita con l'arresto di Riina.

È per tutto questo, e molto altro, che la Corte d'assise, il 20 aprile del 2018, ha deciso la condanna di Leoluca Bagarella a ventotto anni di reclusione, di Antonino Cinà, Marcello Dell'Utri, Mario Mori e Antonio Subranni a dodici anni di reclusione, di Giuseppe De Donno e Massimo Ciancimino, quest'ultimo per il solo reato di calunnia in danno di De Gennaro, a otto anni di reclusione. È sempre per questi motivi che Nicola Mancino è stato assolto dal reato di falsa testimonianza e per Giovanni Brusca è intervenuta la dichiarazione di non doversi procedere per prescrizione del reato.

Altri soggetti (Riina, Provenzano, Parisi e Di Maggio), che la procura di Palermo riteneva a vario titolo concorrenti nel reato di minaccia a corpo politico dello Stato, erano già deceduti o sono morti nel corso del processo.

19 Luglio 2018, esattamente ventisei anni dopo la strage di via D'Amelio. Neppure la data del deposito delle motivazioni di questa sentenza appare casuale. È da qui, dalle 5252 pagine della Corte di Palermo, dallo sforzo di pubblici ministeri e giudici che non si sono accontentati di ricostruire solo in superfice fatti e responsabilità soggettive, che può ripartire tutto. Deve ripartire tutto. Può e deve trovare un rinnovato slancio il percorso di approfondimento della verità sulle stragi e l'individuazione di quei soggetti, esterni a Cosa Nostra ma complici delle belve mafiose, che idearono, organizzarono ed eseguirono quei delitti. Il viaggio sarà difficile, il percorso accidentato, ma tutti, oggi più che mai dopo il processo di Palermo, abbiamo il dovere di riprendere il cammino. I magistrati, le forze di polizia, la Politica, il Parlamento con i suoi poteri e le sue commissioni di inchiesta. Chiunque, in questo paese, eternamente distratto da altre, reali o apparenti, emergenze, avverte ancora la necessità di spazzare via per sempre il tanfo maleodorante delle complicità, delle mediazioni, della convivenza segreta tra Stato e mafia. È questo il momento in cui lo Stato deve avvertire un

sussulto di orgoglio e di responsabilità. Chi, all'interno delle istituzioni ha saputo deve parlare; gli archivi e i cassetti che sono rimasti chiusi devono spalancarsi. Un manipolo di magistrati e di investigatori, ha dimostrato di non aver paura a processare lo Stato. Ora anche altri devono fare la loro parte.

Oggi questa sentenza rappresenta la piattaforma più solida sulla quale fondare un reale e storico cambiamento. Ma, come sempre, saranno in tanti a remare contro. E lo faranno, anzi già lo stanno facendo, ricorrendo alla sperimentata strategia di sempre: il silenzio, il nascondimento dei fatti, il tentativo di minimizzare il significato di ciò che è stato accertato. «Loro» continueranno ad agire così. Hanno iniziato a farlo ventiquattrore dopo una sentenza che li ha spiazzati e preoccupati, facendo subito scomparire quel processo dai riflettori dei principali «media». «Loro» sono tanti e sono forti perché ancora in grado di manovrare e condizionare importanti leve del potere; «Noi» abbiamo il dovere di raccontare, discutere, cercare di diffondere la conoscenza e la consapevolezza di ciò che è successo e non deve più accadere. Questo libro intende poter rappresentare un piccolo contributo alla realizzazione di un importante obiettivo: la conoscenza della verità presupposto e viatico irrinunciabile di libertà e democrazia.

Appendice

Gli articoli di Saverio Lodato, qui pubblicati, fanno parte del volume *Avanti Mafia! Perché le mafie hanno vinto*, a cura dell'Associazione Culturale Falcone e Borsellino, Corsiero Editore 2018.

Lasciatecelo dire

di Saverio Lodato

Il lettore ha ascoltato sin qui Nino Di Matteo. E si sarà fatto le sue idee.

Di tutto quello di cui non si parla in queste pagine, non si parla per difetto dell'intervistatore, costretto spesso a scelte dure e inevitabili nel privilegiare questo o quello, in un campo – ed è dell'Italia che adesso stiamo parlando – dove il discorso, a voler essere completo, rischierebbe di essere infinito.

Mafia e Politica. Mafia e Potere. Mafia ed Economia. Mafia e Galassie Criminali di ogni tipo. Mafia e Massonerie. Mafia e Istituzioni; a dirla in maniera forse brutale, ma che rende l'idea: Mafia e Stato.

Discorso lungo, come si vede.

Volevo che nelle pagine di questo libro – scritto da entrambi con passione e rabbia, costante ricerca del rispetto dei fatti su materia scabrosa che non consente di barare, voglia di colmare un vuoto di conoscenza da parte della grande opinione pubblica italiana –, parlasse il magistrato, parlasse l'uomo, protagonista e testimone di un processo destinato a lasciare il segno, e parlassero le carte.

E le tre cose non sembrino messe insieme in maniera posticcia. Perché si legano. E quasi naturalmente, ci verrebbe da dire.

Si legano perché dall'inizio dell'inchiesta sulla Trattativa Stato-Mafia, sino al giorno della sentenza del processo di Palermo, molti hanno fatto di tutto per occultare tutto.

Occultare i contenuti di un'indagine dirompente che metteva paura al Potere.

Occultare il ruolo di Nino Di Matteo, e di quel pool da lui rappresentato, insieme ai colleghi Vittorio Teresi, Francesco Del Bene, Roberto Tartaglia, e inizialmente Antonio Ingroia.

Occultare, e l'omissione non è meno grave delle altre, la storia di un uomo che, per un quarto di secolo, volendo onorare una toga, ha finito con l'appendere la sua vita a un chiodo.

Il fatto è che se in questi anni grandi giornali, grandi televisioni, grandi opinionisti, mafiologi o non mafiologi che siano, avessero offerto all'opinione pubblica un minimo sindacale di informazioni sull'argomento, difficilmente questo libro avrebbe avuto un senso, e visto la luce. Sarebbe stato una raccolta di cose già dette, già scritte, già sentite.

Ci furono solo poche eccezioni a questo tran tran, invece, che furono sia ostacolate, sia nascoste.

Dopo trent'anni trascorsi al quotidiano «l'Unità» (che da tempo non c'è più), mi sono ritrovato, dal 2012 a oggi, a scrivere su un sito on line dal titolo dichiaratamente chiaro e di parte: «Antimafiaduemila», dove lavorano un pugno di ragazzi d'ogni parte d'Italia. Quelli che dopo le stragi si convinsero davvero che l'Italia voleva sconfiggere la mafia e le sue complicità.

Sappiamo che non è andata così, ma loro non mollano e ne scrivono ogni giorno.

All'inizio di quest'anno, con Giorgio Bongiovanni, direttore di questo sito, decidemmo di pubblicare un'ampia selezione di quegli scritti, cresciuti di numero col volgere degli anni, con il titolo provocatorio: «Avanti mafia!» e sottotitolo: «Perché le Mafie hanno vinto», che sarebbe uscito nel maggio di quest'anno. Nino Di Matteo ne curò – e gliene sono grato – la prefazione.

Il libro venne presentato il 27 maggio di quest'anno, a Palermo, in una sede prestigiosa: Casa Professa.

Nello stesso luogo dove Paolo Borsellino, ventisei anni fa, aveva preso la parola pochi giorni prima di essere assassinato in via D'Amelio, denunciando il «tanfo di compromesso» che aveva già iniziato ad avvertire all'indomani dell'uccisione del suo amico e collega Giovanni Falcone.

La sera del 27 maggio, sul palco, si alternarono il regista Pif, gli attori Lunetta Savino e Carmelo Galati; il magistrato, Nino Di Matteo, il sindaco di Palermo, Leoluca Orlando, il direttore di «Antimafiaduemila», Giorgio Bongiovanni, l'autore del libro.

L'atrio di Casa Professa era stracolmo, come quella sera di ventisei anni fa. Si leggeva sui volti, e attraverso il silenzio partecipe di tutti i presenti, come fossero volati via ventisei anni, con gli stessi interrogativi di allora. I messaggi chiusi nelle bottiglie di un sito on line, quasi carbonaro, e finiti in un mare di indifferenza, avevano trovato i loro destinatari.

Palermo aveva fame di notizie, voleva sapere, voleva capire.

E non a caso, appena qualche giorno dopo la sentenza a firma Alfredo Montalto e Stefania Brambille, quella sera, a Casa Professa, si respirò finalmente un clima liberatorio. Come la fine di un incubo: la giustizia, anche se con immenso ritardo, aveva fatto la sua parte.

Qui di seguito, abbiamo pensato di fare cosa utile al lettore, proponendo una piccola antologia di otto articoli da me scritti e pertinenti al tema di questo libro. Affinché il lettore capisca quanto sia difficile fare informazione in Italia, quando il Potere non gradisce.

Vietato ai magistrati avvicinarsi alla verità

La cosa più sensata l'ha detta Paolo Mieli, l'altra sera da Lerner, quando ha messo in guardia dal criminalizzare Ingroia e i suoi colleghi perché a Palermo non si sa mai quello che può accadere. Ma sono tenui barlumi di ragionevolezza in un coro oscurantista che per l'ennesima volta mette sul banco degli accusati le persone sbagliate: quei magistrati che a costo di immani sacrifici cercano ancora di indagare sulle vere cause delle stragi di vent'anni fa.

C'è poco da fare: ogni volta che la verità su materie delicate e controverse sembra a portata di mano, qualcuno getta barili d'olio sull'asfalto. Magari per dire poi che l'auto che ha sbandato correva a velocità eccessiva. Con questa metafora si può riassumere quanto sta accadendo da alcuni mesi con l'inchiesta sulla Trattativa fra Stato e mafia fra il '92 e il '94.

Tutti i giudici assassinati in Sicilia, da Costa a Chinnici, da Ciaccio Montalto a Rosario Livatino, da Falcone a

Borsellino, per citare solo i più noti, vissero gli ultimi anni della loro vita dovendosi difendere dall'accusa di protagonismo che proveniva sia dal mondo politico, sia dalla stessa magistratura. La ragione, allora come oggi, è semplice e nota. La magistratura non deve superare certi limiti. Non può pretendere di far rispettare la legge a chi, magari, si è fatto eleggere proprio per eludere la legge. Prendiamo, per esempio, la frase di Vietti vicepresidente del Consiglio superiore della magistratura: «Mai come in questo momento il silenzio è d'oro». Che significa? Perché si dovrebbe stare zitti proprio in questo momento? Per non disturbare quale manovratore? O l'intemerata del presidente dell'Anm, Sabelli, che pretendeva da Di Matteo e Ingroia che facessero qualche passo indietro sul palco della festa del «Fatto» a significare la loro presa di distanza da chi si era permesso di pronunciare il nome di Dio invano? Quelle parole vanno prese per quello che sono: mezzucci polemici. Restano i fatti. Negli ultimi trent'anni si sono verificate due grandi occasioni per sconfiggere per sempre la mafia. La prima con il maxiprocesso, quando gli stessi Falcone, Borsellino e Caponnetto nutrivano seri motivi di speranza. C'erano finalmente i pentiti, era venuto giù il secolare totem dell'omertà, l'iniziativa giudiziaria cominciava a mietere condanne e non più assoluzioni per insufficienza di prove.

Bastava un'altra spintarella e di mafia, in Italia, non avremmo più sentito parlare. Invece che successe allora? Mondo politico e settori della magistratura, con una manovra a tenaglia, prima delegittimarono il pool di Palermo mandandolo rapidamente in frantumi. Poi, con un'altra manovra a tenaglia, la mafia, in combutta con certa politica, certo Stato e certi servizi, con le stragi di Capaci e via D'Amelio, misero una definitiva pietra tombale sull'argomento. Capito come si fa?

E veniamo qui alla seconda grande occasione perduta. Caselli venne a fare il procuratore a Palermo ed ebbe l'infelice idea di portare sotto processo i rappresentanti di quel mondo politico che sino a quel momento avevano razzolato con boss e picciotti. Infelice: nel senso che se avesse voluto fare una carriera migliore forse avrebbe dovuto capire che quelli erano momenti in cui «il silenzio è d'oro»... Ovvio che dopo qualche mese Caselli e la sua procura divennero il pericolo numero uno per la Politica, lo Stato e il Potere. Andatevi a rileggere le dichiarazioni che fecero allora i Del Turco e i Ferrara, gli Sgarbi, gli Iannuzzi, i Liguori e i Macaluso e i Pellegrino... Che florilegio di garantismo. Che disquisizioni dotte sulla «responsabilità politica e storica» che sono una cosa, e sulla «responsabilità penale» che è un'altra cosa. Sperticate difese di Andreotti e Contrada poi condannati. Ma che importa? Caselli doveva capire la lezione. Con la politica non si scherza. E Caselli dovette lasciare Palermo. Capito come si fa?

E oggi? Diciamo che si stava profilando la terza grande occasione. Ammetterete infatti che non è cosa da poco iscrivere nel registro degli indagati una dozzina di rappresentanti delle istituzioni, uomini politici, mafiosi con coppola e lupara, per ciò che accadde dietro le quinte dello stragismo '92-93. Ma allora questi ci riprovano, avrà detto qualcuno.

E vai con il gioco delle tre carte. I magistrati di Palermo attaccano il Quirinale. E il Quirinale che si offende. E la grande stampa che lo difende. «Come son cresciuto mamma mia devi vedere... figurati che faccio il corazziere», cantava negli anni Sessanta il genio di Renato Rascel. E quel motivetto ci ronzava in testa a leggere certe ricostruzioni che sembravano scritte su carta intestata dell'Alto Colle...

Gioco delle tre carte, appunto. E sapete perché? Perché sino a oggi non abbiamo letto nessun autorevole commentatore che ci abbia spiegato dove collocare, in tutta questa vicenda, la singolare figura di Mancino Nicola, restituendogli tutto il peso che merita. Mancino, infatti, sarà anche stato tutto quello che è stato, ma oggi è un imputato. Si fosse limitato, nelle sue telefonate al Quirinale, allo sfogo di chi dice: mi hanno messo in mezzo in una storia di cui non so nulla, e in cui non c'entro nulla, il caso sarebbe stato archiviato come normale conversazione fra amici. Ma Mancino Nicola ha detto ben altro: sono un uomo solo, quest'uomo solo va difeso, perché se no chiama in causa altre persone... non voglio restare l'unico con il cerino in mano... Elegante vero?

Ora il bello è che si pretende che dovessero essere i magistrati di Palermo a buttar giù la cornetta visto che le telefonate dell'imputato Mancino Nicola erano arrivate troppo in alto.

Roba da matti, in qualunque paese civile. Ma non in Italia. Dove a nessuno è saltato in mente di scrivere da qualche parte che invece quelle telefonate andavano interrotte proprio da chi stava troppo in alto per lasciarle tranquillamente proseguire. Come finirà questa storia? Vorremmo sbagliarci. Ma secondo noi finisce come nei casi precedenti: sarà un'altra occasione perduta. Nel qual caso, a questo articoletto, ci limiteremo ad aggiungere solo una riga. Questa: «Capito come si fa?».

14 settembre 2012

La pianta marcia del Quirinale

Molti osservatori di cose di mafia hanno definito «sorprendente» la decisione della Corte d'assise di Palermo, presieduta da Alfredo Montalto, di ammettere la testimonianza del capo dello Stato, Giorgio Napolitano, limitatamente allo scambio epistolare con il consigliere del Quirinale, Loris D'Ambrosio (processo Trattativa Stato-Mafia). Il guardasigilli Anna Maria Cancellieri, pur ammettendo di non conoscere il testo dell'ordinanza, si è detta «stupita» da una scelta che considera «inusuale». Quanto al Quirinale, come si legge in un comunicato uscito a tamburo battente – come si dice –, «Valuteremo l'ordinanza nel massimo rispetto istituzionale». Cerchiamo di mettere ordine.

Ci si sorprende di fronte a cosa che provoca meraviglia, sorpresa, stupore. «Sorprendere», propriamente: «prendere dal di sopra» (spiega lo Zingarelli). Allora, la domanda è: come mai molti osservatori si aspettavano che la richiesta dell'accusa di ascoltare Napolitano venisse respinta? In base a quale criterio?

Forse a molti sfugge (ma ci sono anche quelli che fanno finta di non capire) che a Palermo si sta celebrando un processo per stabilire se lo Stato trattò con la mafia prima durante e dopo le stragi del 1992 (Capaci e via D'Amelio) e del 1993 (Roma, Firenze e Milano). Che ci sono dodici imputati, fra mafiosi, uomini politici e rappresentanti delle istituzioni. Che i giudici stanno facendo il loro dovere, proprio perché in ciò consiste il loro lavoro: accertare come andarono i fatti. È chiaro che se si ignora questo abc si viene presi «dal di sopra».

Ma per quanti hanno conoscenza superficiale della materia, resta la domanda: perché sentire Napolitano? Rinfreschiamo le memorie. Perché Napolitano commise l'errore imperdonabile di dare ascolto a un imputato, tal Nicola Mancino, il quale, forte di un suo robusto passato istituzionale (senatore, ministro dell'Interno, vicepresidente del Csm), ma ormai diventato cittadino comune, pensò bene di darsi da fare per alleggerire la sua posizione processuale. Da qui le sue ripetute telefonate con Loris D'Ambrosio, consigliere del Quirinale. Da qui le sue telefonate con lo stesso Napolitano. Le prime furono pubblicate dai giornali (Mancino infatti non sapeva di essere sotto inchiesta). E chi non vuole farsi «sorprendere» è bene che oggi se le rilegga. Le seconde furono distrutte su ordine dell'Alta Corte su richiesta (conflitto con la procura di Palermo) dello stesso capo dello Stato. Verrebbe da dire che in questo processo sulla Trattativa fra Stato e mafia, il Quirinale ci si è infilato da solo: mani e piedi, come si dice. Ma se fosse solo questo, se fossimo cioè in presenza di una leggerezza «formale» – l'avere dato udienza telefonica, da parte del Quirinale, a colui al quale andava inconfutabilmente negata – anche noi, diciamo la verità, dalla decisione di scomodare un presidente della Repubblica, saremmo stati «presi dal di sopra». Ma non è così.

È lo stesso D'Ambrosio, infatti, in una sua lettera a Napolitano a scrivere testualmente di avere: «Il timore di essere stato usato come ingenuo e utile scriba di cose utili a fungere da scudo per indicibili accordi fra il 1989 e il 1993» (in data 18 giugno 2012). «Indicibili accordi»; e non è forse di questo che si sta occupando la Corte d'assise di Palermo? È permesso ai giudici chiedere a Napolitano se quella lettera fu accompagnata da sfoghi personali dello stesso D'Ambrosio? È lecito supporre che lo stesso Napolitano, leggendo di «indicibili accordi», abbia chiesto lumi, chiarimenti, insomma un supplemento di verità, al suo fedele consigliere? Non sarebbe molto strano il contrario? O sono argomenti che dovrebbero restare custoditi, vita natural durante, nelle Segrete Stanze? Suvvia, a tutto c'è un limite. Neanche Zeus, nel suo ovattato Olimpo, pretendeva simili prove di fedeltà e segretezza...

Quanto all'aggettivo «inusuale», adoperato dal ministro Cancellieri, non sarebbe stato più azzeccato l'aggettivo «inedito»? Dire infatti che non si usa (inusuale) chiamare a testimonianza un capo dello Stato ci sembra una maniera un po' birichina (non ce ne voglia la Cancellieri) per lamentare una mancanza di «bon ton» istituzionale da parte di chi, invece, quella convocazione dispone (mentre non l'avrebbe dovuta disporre): cioè la Corte d'assise di Palermo. Insomma, siccome non si è mai visto un capo dello Stato chiamato in processo a deporre (e su argomenti che non sono una piuma) mentre è in carica, la circostanza, più che «inusuale» ci appare «inedita».

Poi, se la vogliamo dire tutta, per noi è «sorprendente» e «inusuale» che lo Stato italiano abbia trattato con la mafia mentre la mafia faceva a pezzi Giovanni Falcone, Paolo Borsellino, dieci fra uomini e donne delle scorte, cittadini inermi a Roma, Firenze e Milano. Quelle, semmai, furono stragi che presero sessanta milioni di italiani «dal di sopra». Un'ultima cosa.

Non ci aspettavamo che di fronte alla convocazione dei giudici di Palermo, Napolitano, alla maniera di Garibaldi, rispondesse: «Obbedisco». Ma, di contro, non capiamo che voglia dire il Quirinale quando scrive: «Valuteremo l'ordinanza nel massimo rispetto istituzionale». Che c'è da valutare? Non c'è proprio nulla da valutare. C'è da rispondere a una convocazione. Se Napolitano ha qualcosa da dire in più rispetto a quanto gli scrisse D'Ambrosio, se gli sta a cuore l'accertamento della verità, la dica. E facciamola finita. Se non c'è nulla da aggiungere dica – sì, sì, no, no (per dirla con il Vangelo) – che quella lettera non fu preceduta e seguita da nient'altro. E facciamola finita, anche in questa eventualità.

Ma basta con questa pianta marcia della «prosopopea quirinalizia» quotidianamente innaffiata da certi giardinieri della grande stampa!

18 ottobre 2013

Quarant'anni di Stato-Mafia e Mafia-Stato

Le convergenze parallele nel paese della Politica e dell'Assassinio

Il rischio di ripetersi, di grattare il fondo del barile, di scadere negli slogan, di sperare, alzando la voce, di farsi sentire dai sordi, o, al contrario, di indulgere allo scetticismo, lasciarsi prendere dallo sconforto, concludere che le battaglie impossibili non si possono vincere a dispetto dei santi, c'è. Ed è innegabile. Nel Vangelo sta scritto che «non si vive di solo pane».

Perché mai, allora, si dovrebbe poter «vivere di sola lotta alla mafia»? Perché mai soltanto un'élite scelta dalla popolazione, che, a seconda delle fasi attraversate, si dilata e si restringe a guisa di una fisarmonica, dovrebbe intestarsi un'opzione di vita, per quanto fortemente caratterizzata eticamente, intrisa di valori nobili, logicamente inattaccabile, che però ha il piccolo difetto di non esser fatta propria dalla stragrande maggioranza della popolazione? Insomma: chi ce lo fa fare?

Non sono domande qualunquistiche. Sono domande, semmai, con le quali «l'antimafia» – parole utilizzabili non ce ne sono altre – deve fare i conti. Perché se si vuole andare avanti bisogna pur sapere in che direzione andare.

Gli anni che trascorrono – meglio: i decenni che trascorrono – ci fanno avvertire un vento gelido che è impossibile ignorare. Le polemiche interne dilaniano i rappresentanti degli avamposti antimafia. Non sfugge a don Luigi Ciotti, che infatti avverte: «All'antimafia non giovano le polemiche». Giustissimo.

Nino Di Matteo rischia la vita. Eppure...

Eppure: magistrati contro magistrati. Ex magistrati, nel frattempo diventati «onorevoli», contro magistrati in servizio. Giornalisti contro magistrati e viceversa. Esponenti politici di tutte le parrocchie che sparano ad alzo zero – è sempre stato così, ma adesso si avverte un clima da finale regolamento dei conti – contro il principio stesso di controllo della legalità. Il fatto che il governo, alla Camera, sia stato battuto a scrutinio segreto con l'approvazione di un emendamento leghista che introduce norme vendicative in materia di responsabilità civile dei giudici, fa capire l'aria che tira.

I grandi storici e i grandi giuristi, forse – e lo diciamo a loro parziale attenuante –, piegati dalla vitalità di una materia mai doma, mai catalogabile per sempre, tanto da sembrare destinata all'eternità, si rifugiano ormai, mettendo da parte i ferri del mestiere, nell'armamentario della banalità: non è vero che la mafia ha vinto, ma siccome non si può neanche dire che la mafia abbia perso, ecco il topolino interpretativo: la mafia ha vinto sì e no, la mafia c'è e non c'è, una volta sparava oggi non spara più, visibile allora, invisibile oggi.

E rendendosi conto, da quei cervelloni dalla lunga coda che sono, che solo l'ipotizzare l'esistenza di una Trattativa fra lo Stato e la mafia nel '92-93 finirebbe con il mandare in fumo i castelli che vanno costruendo, eccoli «cacar sentenza» tuonando che mai Trattativa ci fu e, se ci fu, fu a fin di bene e che alcuno può essere processato per il reato di Trattativa che il nostro codice penale non contempla. Di fronte a cotanto argomentare, verrebbe da dire, per celia, che l'unico verdetto noto, per ora, è questo: la mafia ha sconfitto 3 a 0 tanto gli storici quanto i giuristi causidici. I quali, infatti, hanno finito con lo smarrire le ragioni del loro mestiere. Prova ne sia che, agli uni e agli altri, non resta altro che alimentare la saga del «negazionismo» (la Trattativa non ci fu!) che porterebbe oggi a sicura bocciatura qualsiasi laureando in storia contemporanea che la facesse propria. Se ne facciano una ragione i Fiandaca e i Lupo, ma le cose stanno così.

Tantissimi politici – e non solo – cavalcano simili tesi nella speranza di aggrapparsi a una scialuppa di salvataggio che li metta al riparo da una magistratura che spinga sempre più in alto il profilo delle sue indagini. Non vogliono che saltino fuori le loro magagne. Vorrebbero continuare a rubare a man bassa. Pretendono una qualità della vita da satrapi, a dispetto di un paese agonizzante. Espatriano, latitano, si iscrivono al «club del perseguitato politico», non appena qualcosa per loro va storto.

Certo. Sarebbe tutto più semplice se venisse reintrodotto lo scudo dell'immunità parlamentare.

Il duo Calderoli (Lega, quello del porcellum) – Anna Finocchiaro (Pd, con scorta a passeggio per l'Ikea) in tal senso si sta acconciando, proponendone la reintroduzione al Senato, giusto per «vedere l'effetto che fa» sull'Italia di oggi. E ora, messa sotto torchio dallo stesso Pd, la Finocchiaro balbetta di non voler restare con il cerino in mano.

Ma quando ci si imbatte in questa quotidiana lista dei dolori, molti protestano, volendo zittire le fastidiose mosche cocchiere dell'antimafia: «Questa è cronaca, non è storia». A voler sottolineare, in chi di cronaca si occupa, quasi una vocazione a quella «scienza dei nullatenenti» cui si riferiva decenni orsono il filosofo Lucio Colletti a proposito di una «metodologia» che pretendesse di leggere il mondo prescindendo dai suoi contenuti. Sarà.

Noi, invece, troviamo ben incise – e perfettamente valide ancora oggi – le parole di Giorgio Bocca, che storico non era né si fregiava d'esserlo; cronista, punto e basta: «Un libro, *Dieci anni di mafia* – scrisse in una recensione su "l'Espresso", più di vent'anni orsono – che ci fa capire perché ci saranno ancora cento, mille anni di mafia».

Forse Giorgio Bocca andrebbe considerato storico a tutto tondo in questo paese di mongolfiere svolazzanti che sono diventati certi «storici» con la patente. Ma non perdiamo il filo del nostro ragionamento.

Ci dà una mano, Giacomo Leopardi, con i suoi *Pensieri*: «Dico che il mondo è una lega di birbanti contro gli uomini da bene, e di vili contro i generosi. Quando due o più birbanti si trovano insieme la prima volta, facilmente e come per segni si conoscono tra loro per quello che sono; e subito si accordano; o se i loro interessi non patiscono questo, certamente provano inclinazione l'uno per l'altro, e si hanno gran rispetto». E ancora: «Se un birbante ha contrattazioni e negozi con altri birbanti, spessissimo accade che si porta con lealtà e che non gl'inganna; se con genti onorate, è impossibile che non manchi loro di fede, e dovunque gli torna comodo, non cerchi di rovinarle...». Così va il mondo, ci dice Leopardi: una lega di birbanti contro uomini da bene. Tranchant, non c'è che dire.

E l'Italia, invece, come va?

Quasi un secolo e mezzo dopo Leopardi, Goffredo Parise, autore, fra l'altro, di un meraviglioso reportage sul Giappone (dal titolo: *L'eleganza è frigida*, Adelphi) scrive di Marco – nome letterario del viaggiatore che altri non era che lui stesso –, e riferendosi all'Italia dalla quale era partito per volare a Tokyo: «Marco... pensò ai costumi del paese della Politica e dell'Assassinio così lontani ma ancora così presenti nel suo animo».

L'Italia: il paese della Politica e dell'Assassinio. Anche Parise non scherzava.

Siamo al nocciolo della questione.

È in Italia che la lega dei birbanti contro gli uomini da bene (Leopardi) ha sprigionato il meglio di sé nel paese della Politica e dell'Assassinio (Parise). È per questo che da oltre un secolo e mezzo, con buona pace di Giovanni Falcone che per un momento si convinse di intravederne la fine, Cosa Nostra detta ancora legge.

Ma ha ancora senso parlare di Cosa Nostra?

Non è un contenitore linguistico ormai in frantumi nell'Italia dell'Expo e del Mose?

Degli scandali che falcidiano tutte le regioni italiane, nessuna esclusa?

Nell'Italia di Dell'Utri, Berlusconi e Matacena, di quei dirigenti Pd e Pdl che contano mazzette, nella Sicilia di Cuffaro e Lombardo e Genovese, o nella Lombardia di Formigoni, senza volerla fare troppo lunga?

In quest'Italia – dico – non vi sembra che tutti i soggetti che ho nominato (e quanto per difetto) «facilmente e come per segni si conoscono tra loro per quello che sono»? Basta sfogliare i giornali e leggere le intercettazioni telefoniche per capire che il «club dei potenti» annovera di tutto ormai fra le sue fila: il politico e il dirigente statale, il bancario e alti funzionari degli apparati repressivi (deviati? Non deviati? Ma che differenza fa giunti a questo punto?), faccendieri e camorristi, alti prelati e docenti universitari, mafiosi, camorristi e 'ndranghetisti, ministri ed ex ministri, generali di corpo d'armata, sottosegretari ed ex sottosegretari, uomini della P3, della P4, della P5, eccetera, eccetera, eccetera. Tutti costoro, per tornare a dirla con il Leopardi, si conoscono tra loro per quello che sono.

Una volta, dalle nostre parti, si diceva: «Se tutto è mafia niente è mafia». E alla Politica italiana piacerebbe tanto parafrasare: «Se tutti siamo corrotti nessuno è corrotto».

Matteo Renzi ha detto in proposito: «Fosse per me i politici che rubano li accuserei di alto tradimento e li manderei tutti a casa». Meglio di niente. Fosse per noi, quelli che si sono autoassegnati vitalizi da centomila euro al mese li manderemmo tutti in galera. Sfumature, che però fanno la differenza.

L'Italia è così.

Ed è questa la ragione per cui – come ho già avuto modo di scrivere e ripetere in occasione del ricordo di Giovanni Falcone alla Facoltà di Giurisprudenza di Palermo (22 maggio di quest'anno) – la favoletta della mafia contrapposta allo Stato (e viceversa), che per un secolo e mezzo è stata propinata agli italiani come una dolciastra melassa, andrebbe sostituita da ben altra narrazione: sono sempre esistiti, in Italia, lo Stato-Mafia e la Mafia-Stato. E mai, come in questo momento, le due entità sono diventate simbiotiche.

Dallo stragismo nero a quello rosso, dall'eliminazione di grandi personalità «incompatibili» con la «lega dei birbanti» allo stragismo mafioso, qualunque bandolo si prende della storia nazionale italiana in questi ultimi settant'anni il quadro finale resta lo stesso: migliaia di vittime e di verità negate, istituzioni colluse e compromesse, enormi ferite inferte al tessuto democratico. Limitiamoci all'attualità.

Farò solo qualche esempio per rendere l'idea: le «esternazioni» di Totò Riina. Il quale ha minacciato di morte Nino Di Matteo. E si è scagliato contro il processo sulla Trattativa. E si è detto contrario alla deposizione, in quel processo, del capo dello Stato, Giorgio Napolitano. Ora, improvvisamente, tace. O lo hanno fatto tacere.

Il Csm, dal canto suo, prima ha messo sotto azione disciplinare Di Matteo poi – bontà sua – ha archiviato il caso.

Napolitano – ormai è arcinoto – ha preteso e ottenuto che fossero mandate al macero le sue telefonate con l'indagato Mancino Nicola.

Le truppe cammellate dell'Informazione, dei *maître à penser*, della politica, delle istituzioni, si sono esercitate nel tiro al bersaglio contro i poveri Cirenei della procura della Repubblica di Palermo, che sembrano ricordarci l'Alfieri: «Volli, e volli sempre, e fortissimamente volli»... indagare, si capisce.

Insomma, tutti, in quest'Italia, fanno il lavoro per il quale sono portati.

Non si indaga – invece – sulla Trattativa, ammoniscono i Napolitano, gli Scalfari, i Ferrara, i Macaluso, i Violante, gli Arlacchi, gli Sgarbi, i Cicchitto, i Gasparri, i Fiandaca, i Lupo, e chi più ne ha più ne metta. E perché il cerchio si chiudesse, con la testimonianza esclusiva e preziosa del morto, ecco Padovani farsi garante che se Falcone fosse ancora vivo la penserebbe, su questo processo per la Trattativa, allo stesso modo: una «boiata pazzesca».

Ora che vivi e morti hanno detto la loro (anche se a quest'ultimi gliel'hanno fatta dire) sorge spontanea una domanda: non è un po' riduttivo tracciare una linea di demarcazione, asserendo tassativamente: qui finisce lo Stato e qui comincia la mafia?

Come si fa a separare interessi della politica da interessi di mafia? Interessi delle istituzioni da interessi dei mafiosi? Non siamo in presenza di un grumo inestricabile?

A questo proposito, il caso di Marcello Dell'Utri è talmente esemplare che può aiutarci. Vediamo.

In cosa differisce il Dell'Utri che con Berlusconi fonda Forza Italia dal Dell'Utri senatore? Dove finisce il senatore e inizia il bibliofilo? Quand'è che il bibliofilo diviene saccheggiatore della biblioteca napoletana dei

Girolamini? E perché il bibliofilo si improvvisa falsario pubblicando i «finti diari veri» di Mussolini? Insomma: quando finisce l'uomo dalla cultura raffinata che piaceva tanto (piace?) ai salotti milanesi e inizia l'incensatore di Vittorio Mangano, lo stalliere palermitano di Arcore che per lui fu «vero eroe»? O il Dell'Utri che fece ammattire Paolo Borsellino volendo introdurre cavalli in albergo?

Di quale pasta è fatto il boss del terzo millennio?

Ora che Marcello Dell'Utri è carcerato, chiede all'amministrazione penitenziaria più libri da leggere, minacciando, in caso di diniego, lo sciopero della fame. Vadano a scuola da lui i presunti capi di Cosa Nostra, i Totò Riina e i Bernardo Provenzano: un vero boss non rifiuta il rancio carcerario, non pretende dai suoi aguzzini un'insalata o una telefonata in più: chiede più libri! Non è più il tempo degli zoticoni ai vertici di Cosa Nostra! Chiaro?

Giunti a questo punto ci chiediamo: non diventerebbe tutto più semplice adoperando la chiave interpretativa alla quale facevamo riferimento prima: le eterne convergenze parallele fra lo Stato-Mafia e la Mafia-Stato?

E infatti.

Perché tutti i soggetti che elencavamo prima si sono arrogati il diritto di considerare un regolare processo regolarmente istruito nel regolare rispetto delle parti – il processo sulla Trattativa Stato-Mafia – come novelle Colonne d'Ercole sulle quali incidere il loro indispettito: «*Non plus ultra*»? A che titolo lo hanno fatto?

E tanti di quei soggetti non furono forse gli stessi che, una quindicina d'anni fa, scrissero il medesimo indignato «Non ci sto» sul processo a Giulio Andreotti?

La politica non doveva forse astenersi di fronte a un processo che vedeva alla sbarra per mafia un sette volte presidente del Consiglio?

Giulio Andreotti fu un personaggio politico ambiguo della Repubblica italiana (Parola di Cassazione) che incontrava abitualmente, a Palermo, il gotha di Cosa Nostra (Parola di Cassazione). È stato il principale artefice dell'immiserimento della politica a cinico e disinvolto strumento del potere.

Eugenio Scalfari, Emanuele Macaluso e Giorgio Napolitano, quando troveranno il coraggio di dire ad alta voce questa elementare verità? Che aspettano a chiudere quella pagina vergognosa che pesa come un macigno sulla storia di oggi? La smettano con le chiacchiere garantiste. Giuliano Ferrara, per sua stessa (e orgogliosa) ammissione, agente della Cia in Italia in quegli anni, può simpaticamente continuare a difendere Andreotti. Ma gli altri? Che motivo hanno?

E più in generale: chi deve fare i processi in Italia? Chi è deputato a farli?

Che diremmo se un politico o un giornalista o un conduttore televisivo facessero irruzione in sala operatoria intimando al chirurgo: taglia qua, taglia là, anzi non tagliare per niente, e, come non bastasse, iniziassero a schiaffeggiare gli assistenti che fiancheggiano il chirurgo?

Il cosiddetto «garantismo» non c'entra nulla.

Il «garantismo», lo stesso che oltre dieci anni fa impose in Costituzione la macchiettistica definizione bipartisan di «processo giusto», nacque come «garantismo» a cinque stelle.

Avete mai sentito pronunciare, dai soggetti di cui sopra, una parola a sostegno di un povero diavolo incappato nelle maglie della giustizia italiana? Diciamo meglio: c'è un solo «ladro di polli» che abbia avuto l'onore delle prime pagine perché vittima di un «processo ingiusto»? Le scintille che a ondate ricorrenti hanno acceso il dibattito sulla necessità di una «riforma della giustizia» non sono forse sempre scaturite da iniziative investigative che prendevano di mira «blasonati», a vario titolo, della Repubblica italiana? I primi vagiti di questo «garantismo», che oggi è diventato un robusto giovanotto, datano dall'inizio di Tangentopoli. Un caso? Ma non scherziamo.

E gli azzeccagarbugli manzoniani da un tanto al chilo sono davvero scomparsi dal bel paese? Diremmo di no. Oggi sono diventati più sfacciati. Il confronto delle idee non c'entra nulla. Non si pretende più, infatti, di contestare solo il lavoro del chirurgo, ma la figura del chirurgo in quanto tale. Gli azzeccagarbugli del terzo millennio sono l'espressione di un «garantismo» che, complici le televisioni e una caterva di giornali compiacenti, si è definitivamente «militarizzato». Ci hanno preso gusto.

Basta sentirli parlare, quando si atteggiano a Padri della Patria, per capire che considerano la giustizia un «lusso» che l'Italia, così com'è, non può permettersi. Perché – questo è il succo – nella Patria della Politica (e dell'Assassinio, aggiungeva Parise) non possono esistere remore di alcun tipo che disturbino il Manovratore.

Ma quale giustizia, ma quale legalità, ma quale etica, ma quale questione morale: la Politica non ha il tempo per pettinare le bambole! I morti non ritornano. Se ne facciano una ragione le migliaia di familiari delle vittime!

Ma ciò che è ancora più sorprendente è che tutte le persone elencate prima – sia chiaro – sembrano non esserne consapevoli.

Davvero credono di esprimere «opinioni» libere, «giudizi» sinceri, «concetti» ponderosi. Credono di essere nel giusto. Indossano maschere, costumi di scena, recitano da tempo il medesimo copione e – da attori provetti – hanno finito con l'identificarsi nella parte del «Garantista Perfetto».

Certo. Conoscono benissimo la storia d'Italia. Tanti di loro – in campi diversi – hanno attraversato stagioni cupe e nere della storia del nostro paese. Ma forse, avendoci fatto troppo il callo, come si dice, non si rendono più conto che, nella lotta contro la mafia, non sono date comode «terze vie».

Ben altra – quarant'anni fa – fu la maniera di intendere la lotta al terrorismo. Furono anni, vale la pena tornarci, in cui la parola chiave, brandita come uno slogan, non fu «garantismo», bensì: «fermezza».

E come sa essere perfida la Storia nei confronti di chi pretenderebbe di attraversarne tutte le fasi acconciandosi, con giri di parole, a tutte le sue giravolte.

Con il terrorismo non si «tratta», proclamavano i dirigenti politici di allora. Leonardo Sciascia, che si permise di affermare e scrivere: «Non sto con le Br, ma neanche dalla parte di questo Stato», venne messo alla gogna. Eppure chi voleva «trattare» aveva un argomento non indifferente dalla sua: salvare la vita ad Aldo Moro. Craxi, per esempio. Invece, venne fatta una scelta diversa. E sappiamo come andò a finire.

Ma certo vien da sorridere, oggi, a sentire certi smemorati di Collegno quando, con riferimento alla Trattativa di oggi, quella con la mafia, ne beatificano le finalità sostenendo che fu portata avanti «a fin di bene». E volevate farla pure «a fin di male»? E perché non trattaste con il terrorismo «a fin di bene», per salvare la vita di Aldo Moro?

La storia è un'altra. Il terrorismo rosso e il terrorismo nero furono arnesi momentanei del Potere adoperati per regolarizzare e reprimere forti conflitti sociali mentre in Italia volgeva al termine la grande stagione dello stragismo che datava dalla strage di Portella della Ginestra. Questi ferri del mestiere furono usati sin quando tornarono utili. Poi, quando non servirono più, si decise di metterli nel museo dei corpi contundenti.

Non ci insegna nulla il fatto che, quarant'anni dopo, si stanno levando flebili voci – ormai ignorate dai media e dagli «esperti» di terrorismo – di funzionari di Stato, avanti negli anni, che rivelano che il commando terrorista in via Fani era sapientemente infiltrato da agenti dei servizi segreti?

Perché i capi Br detenuti ripeterono la litania d'aver fatto tutto da soli? Perché sapevano benissimo che questo volevano sentir dire da loro: che gli apparati deviati dello Stato non c'entravano nulla. E destra e sinistra andarono a braccetto nel Gran Teatro che ripropose all'infinito, in cartellone, e per la regia consumata di Francesco Cossiga, lo spettacolo sulla Chiusura degli anni di Piombo... Un teatrino, verrebbe da dire, per tutte le stagioni...

Concludendo: il terrorismo restò un corpo estraneo alla società italiana. La mafia no, non è mai stata un corpo estraneo. Né alla società, né allo Stato. Da cinquant'anni si susseguono le commissioni parlamentari antimafia. Con la mafia che, invece, è diventata l'altro grande «mestiere più antico del mondo».

Ecco, allora, perché «trattare si può». E si deve. Ed è «cosa nobile».

Domanda: sono concetti tanto diversi da quell'altro: «Con la mafia bisogna convivere», esposto candidamente dal ministro di Forza Italia, Pietro Lunardi, e che all'epoca (2001) sollevò una bufera e tanto fece indignare l'onorevole Luciano Violante? In fondo per trattare occorre convivere. O non è così? Che male c'è?

Ma chiediamoci adesso: che effetti produce questo modo di vedere le cose?

Da ciò discende, quasi a cascata, che l'opinione pubblica italiana è stordita dall'assordante coro di segnali discordanti sull'argomento.

È venuta a nausea – e anche questo si capisce – la retorica antimafia del «semel in anno» in cui celebrare valanghe di vittime.

Non ha lasciato un buon segno scoprire che i processi per la strage di via D'Amelio devono essere rifatti perché rappresentanti delle istituzioni costrinsero, a pugni e calci, Vincenzo Scarantino, un balordo di borgata, a dichiarare il falso.

Chi doveva essere protetto dalle indagini? Quali i mandanti di via D'Amelio che dovevano restare nell'ombra? Perché lo Stato-Mafia e la Mafia-Stato avevano disperato bisogno di capri espiatori da attingere dalla manovalanza criminale? La procura di Caltanissetta dovrà scalare una montagna, se vorrà – come vuole – venire a capo di quanto accadde in via D'Amelio e del perché.

Cadrà nel silenzio anche la clamorosa denuncia di Lucia Borsellino? Ascoltiamola: «Vent'anni fa con mio fratello andammo a consegnare l'unica agenda rimasta a casa, quella grigia dell'Enel, l'unico documento in cui si evince che mio padre incontrò l'onorevole Mancino e qualcun altro (Mancino continua a negare la circostanza, *ndr*)». (...) «Quell'agenda l'andai a consegnare personalmente, un commesso me la stava sottraendo dalle mani perché fosse messa agli atti – ha aggiunto Lucia Borsellino –. Chiesi che venissero fatte le fotocopie davanti a me, pagina per pagina, e me la sono portata a casa. Ricordo dei volti quasi infastiditi. Quando Arnaldo La Barbera venne poi a casa mia a consegnare la borsa di mio padre ho scoperto, dopo vent'anni, che questa consegna non era stata verbalizzata agli atti.» Diciamolo chiaramente una volta per tutte: quanto sono scomodi per il Potere Italiano tutti questi Borsellino: da Salvatore a Lucia, da Agnese a Manfredi, a Rita, che non hanno mai chinato la testa nel paese dell'Assassinio. Non potrebbero occuparsi d'altro?

L'elenco delle cose che non vanno è lungo.

Non giovano all'«antimafia» le laute prebende statali che alimentano la greppia di fondazioni e centri studi sull'argomento nei quali, ogni tanto, sorge il sospetto che si annidi – in questo caso sì – qualche spregiudicato «professionista dell'antimafia».

Poi, c'è la piaga dolente delle candidature, a tempo di elezioni, dei parenti delle vittime, strattonate, da una parte o dall'altra, per dare lustro etico, apparente e momentaneo, a partiti e formazioni politiche ai quali della questione morale non importa un fico secco.

A non voler ricordare la «giostra» delle candidature dei magistrati che a questa classe politica vanno bene nei giorni pari e vanno male nei giorni dispari.

A questo proposito: da trent'anni, i magistrati vengono eletti indifferentemente in questa o quella lista. Questa meravigliosa ipocrisia è sotto gli occhi di tutti. Ma si dà il caso che oggi ci siano ex magistrati, che fan da grilli parlanti sulla lotta alla mafia – prendendo a randellate Di Matteo, i suoi colleghi, Francesco Del Bene, Roberto Tartaglia, Vittorio Teresi, e l'intera procura di Palermo, guidata da Francesco Messineo – e che hanno all'attivo una carriera in politica (Camera, Senato, Europa che sia) temporalmente ormai ben più lunga degli anni trascorsi in magistratura.

Noi non apparteniamo alla schiera di quanti pretenderebbero che a un magistrato debba essere precluso a vita il diritto di entrare in politica. Ci mancherebbe. Ma se il cosiddetto «protagonismo giudiziario» non è atteggiamento commendevole in chi è titolare dell'azione penale, perché mai dovrebbe esserlo negli «onorevoli» di oggi che si atteggiano a «riservisti» delle campagne antimafia di ieri?

Quando si infuocano le polemiche, non farebbero meglio a tacere, vuoi per discrezione, vuoi per pudore, vuoi per rispetto nei confronti dei colleghi di un tempo che adesso rischiano la vita?

È tornata plumbea l'atmosfera persino nel Palazzo di giustizia di Palermo. E questo è sempre un pessimo segnale.

Quei magistrati che oggi discutono, «in punto di diritto», delle tesi negazioniste sulla Trattativa e sulla mafia del professor Giovanni Fiandaca, ci ricordano, assai da vicino, i loro antesignani di trent'anni fa che, con analogo puntiglio, discutevano, anche loro «in punto di diritto», dell'anzianità di carriera di Paolo Borsellino o delle tesi che portarono il giudice Antonino Meli a smembrare le inchieste di Falcone su Cosa Nostra prima di sparpagliarle in ogni angolo della Sicilia. Discussioni stucchevoli. Brutti tempi che non vorremmo si ripetessero.

Quali conclusioni trarre?

De te fabula narratur, Italia, paese della Politica e dell'Assassinio...

E noi? Che possiamo fare?

Si potrebbe concludere che un'antimafia che non si rinnova, che si alimenta di un pensiero sempre uguale a se stesso, che non riesce a liberarsi dalla zavorra retorica, si fossilizza e perde – inevitabilmente – consensi. L'antimafia non può fingere di non vedere, rinchiudendosi nella torre solitaria della sua supremazia etica. All'inizio ricordavamo le parole di don Ciotti: «All'antimafia non giovano le polemiche».

Giunti alla fine, vogliamo ribadire: un'élite, per quanto scelta, per quanto motivata, da sola non può farcela. Accontentarsi di tenere il punto a tutela della singola indagine, del singolo processo, di singoli magistrati, è cosa giusta e nobile. Ma non basta più.

Come non basta più la «nave» che fa rotta su Palermo il 23 maggio di ogni anno con il medesimo nocchiero: Pietro Grasso –, anche se oggi occupa la seconda carica dello Stato.

O «l'antimafia» riesce nel miracolo di ripensare se stessa, riuscendo davvero a parlare alle nuove generazioni, dicendo sino in fondo le cose come stanno, o assisteremo inesorabilmente al rimpicciolirsi degli spazi di agibilità per chi crede, nonostante tutto, che nel paese della lega dei birbanti contro i galantuomini, e dell'Assassinio, ci sia ancora la possibilità di continuare a sperare.

Per finire.

Papa Francesco scomunicando i mafiosi, né più né meno come papa Wojtyla, nella Valle dei Templi di Agrigento vent'anni prima, dice le cose come stanno e ci spinge ancora a sperare. E per la prima volta, di fronte a duecentomila fedeli nella Piana di Sibari, in Calabria, ha esecrato la 'ndrangheta; quella 'ndrangheta che la Chiesa apostolica romana non aveva mai nominato.

Era da un secolo – ha osservato Nicola Gratteri, procuratore aggiunto della Repubblica di Reggio Calabria – che aspettavamo queste parole.

Sono bastate le parole di un papa sensibile perché la Chiesa, in un colpo solo, recuperasse un secolo di ritardo e di silenzio. Difficilmente le teorie strampalate di un gruppetto di «intellettuali stanchi», e di qualche cervellone dalla lunga coda, ci faranno tornare indietro al «secolo del silenzio».

Fosse solo per non darla vinta a lorsignori, faremo di tutto per vincere la nausea che ci assale.

13 ottobre 2014

Il Nuovo Anno di un condannato a morte

Non sappiamo come passerà la notte di Capodanno un condannato a morte, a data da destinarsi, a causa del suo lavoro che non viene gradito, che addirittura risulta insopportabile, che viene considerato un intralcio per i manovratori grandi e piccoli di questo paese. Non sappiamo quali pensieri gli passeranno per la testa mentre sarà circondato da moglie e figli nei cui sguardi indovinerà facilmente interrogativi pesanti come macigni; mentre immaginerà il 2015 che si spalanca davanti a lui come un ennesimo scenario di trappole, sgambetti, tradimenti, veleni; mentre sarà incerto sul destino di una grande inchiesta che, insieme a un manipolo di altri colleghi della sua stessa tempra, ha tenacemente voluto e spinto avanti nell'incrollabile certezza che per l'accertamento della verità i magistrati, se magistrati sono e non pagliacci che riempiono una toga, devono fare questo e altro.

Sappiamo una cosa, però. Ed è la prima che ci viene in mente. Che sono quattro le massime cariche dello Stato. Al primo posto, c'è il presidente della Repubblica, Giorgio Napolitano. Al secondo, il presidente del Senato, Pietro Grasso. Al terzo, il presidente della Camera (in questo caso, se si preferisce, «la» presidente), Laura Boldrini. Al quarto, il presidente del Consiglio, Matteo Renzi. Direte: che c'entra questo elenco? C'entra, invece. Eccome, se c'entra!

Tutti e quattro – Napolitano, Grasso, Boldrini e Renzi – si sono sempre ben guardati dal pronunciare il nome del condannato a morte, non gli hanno mai fatto una telefonata di solidarietà umana, lo hanno accuratamente ignorato in ogni loro dichiarazione sull'argomento, e non è che le occasioni siano mancate.

È un caso? Quattro coincidenze in una? Difficile pensarlo. Da due anni ormai tutti gli italiani sanno che il condannato a morte risponde al nome di Nino Di Matteo, che non è, badate bene, carica dello Stato, né massima né minima, ma che per la dignità di ciò che resta del nostro Stato fa indiscutibilmente più di quanto fanno gli altri quattro messi insieme. È un punto sul quale vale la pena insistere. Eppure i quattro lo ignorano. Non gli concedono neanche un minimo attestato di esistenza. Cerchiamo di capire perché.

Le massime cariche dello Stato, di norma, preferiscono indirizzare la loro solidarietà persino a personaggi della cosiddetta «antimafia», ma questi personaggi hanno da essere un po' tromboneschi, non protagonisti veri, semmai «figure» o «figurine» che possono rientrare, di solito per cognome illustre, in un teatrino allargato della politica in cui c'è posto anche per loro, e magari persino lauti finanziamenti, perché da loro le istituzioni non hanno proprio nulla da temere. Né vale l'obiezione: cosa hanno da temere i «politici» dai «magistrati antimafia»? Ché dopo le vicende romane simile obiezione sarebbe ultronea, nel senso di superflua.

Questa è una prima ragione del silenzio raggelante che da due anni circonda Di Matteo e gli altri come lui (i Teresi, i Tartaglia, i Del Bene, e valgano questi nomi per tutti). I magistrati antimafia, e quelli di Palermo in particolare, a Roma non sono mai andati giù. Questo loro interpretare la funzione, all'insegna di una indipendenza programmatica, a signori e signorotti della politica romana suona al pari di una bestemmia.

L'attuale Arrogantocrazia – questo governo, insomma – che di battutismo e annuncite, guanti di sfida lanciati a destra e a manca, dispregio pacchiano dei valori (ci viene in mente la ministra Boschi che tra Fanfani e Berlinguer rottamerebbe Berlinguer), pretesa di una longevità politica che rasenta le vette dell'eternità come accadeva nel Pantheon sovietico, in cui si moriva almeno un mese dopo essere morti, e dove lavorano al Cremlino, sin dai tempi di Stalin, équipe di «impagliatori» iperspecializzati nella conservazione dei «cadaveri illustri», questa attuale Arrogantocrazia, dicevamo, detesta istintivamente i magistrati palermitani. Ma questa è solo una parte delle verità.

Il nome di Di Matteo, infatti, è diventato evocativo del processo sulla Trattativa Stato-Mafia che si celebra a Palermo, nonostante non siano mancati fulmini e saette quirinalizi.

Il tacito teorema che accomuna i quattro che fanno orecchie da mercante possiamo spiegarlo così: Di Matteo è l'uomo di punta delle indagini sulla Trattativa; ammettere che Di Matteo rischia la vita significa ammettere implicitamente che chi in Italia indaga su fili ad altissima tensione (e vivaddio se non lo sono i fili scoperti di uno Stato che trattò, trattava e tratta con la mafia) rischia di finire assassinato, significa ammettere che il processo di Palermo è cosa serissima e che il nostro Stato, se necessario, spara. Né sarebbe la prima volta.

Il teorema, anche se non verbalizzato, anche se i quattro non lo ammetteranno mai, è esattamente questo. Significherebbe insomma riconoscere addirittura centralità a un qualcosa che con le unghie e con i denti si intende negare, tenendola sin quando possibile fuori dalla porta.

È bene che per il 2015 Nino Di Matteo se ne faccia una ragione, anche se abbiamo motivo di ritenere che abbia già idee chiarissime in proposito. Un fatto di cronaca – strettamente mafiologico, se così si può dire – ci ha notevolmente rafforzato nella nostra convinzione. Ci riferiamo al «pentimento» di Vito Galatolo, il boss della borgata palermitana dell'Acquasanta che ha iniziato a collaborare proprio con Di Matteo. Intanto, stiamo parlando di una delle «famiglie» più feroci e ammanigliate con i livelli occulti del Potere della Cosa Nostra palermitana.

Vito, cosa che anche molti addetti ai lavori tendono inspiegabilmente a dimenticare, è figlio di quel Vincenzo Galatolo attualmente all'ergastolo per la strage dalla Chiesa, la strage Chinnici, l'uccisione di Pio La Torre e quella di Ninni Cassarà; nonché coinvolto, con tutta la famiglia, nel fallito attentato dinamitardo all'Addaura, nel quale poi la vittima designata, Giovanni Falcone, stigmatizzò la presenza di «menti raffinatissime». Questo solo per dire che il Vito che si pente oggi non è l'ultimo arrivato quanto ad araldica criminale. Prova ne sia che con le sue dichiarazioni ha già provocato una slavina di arresti. Ma il fatto è che Vito ha vuotato il sacco proprio sulla recente preparazione di un attentato a Di Matteo, indicando nel dettaglio la quantità di tritolo che i mafiosi avrebbero in parte comprato dagli 'ndranghetisti calabresi; in Vincenzo Graziano, reggente del «mandamento» della borgata di Resuttana, recentemente catturato da polizia e carabinieri, il custode momentaneo dell'esplosivo; e nel trapanese Matteo Messina Denaro, primula rossa del momento, l'esplicito mandante di questa condanna a morte.

Il «caso Galatolo» è un'ottima cartina di tornasole ai fini del nostro ragionamento. I magistrati che parlano con Galatolo hanno dichiarato che esistono «formidabili riscontri» alle sue parole, pur essendo preoccupati perché il tritolo ancora non è saltato fuori. Ma questa collaborazione sta avendo scarsissima eco nei media, mentre a rigor di logica – in tempi di retorica sui successi antimafia – andrebbe enfatizzata. E qui non vale solo il teorema di prima: ché parlar di Galatolo significherebbe parlar di Di Matteo.

La domanda che infatti sorge spontanea è: Messina Denaro ha chiesto alla mafia palermitana di uccidere Di Matteo, ma a Messina Denaro chi è che glielo ha chiesto? Un superlatitante, attorno al quale si stringe il cerchio con l'arresto di familiari stretti, fiancheggiatori, gregari, soci in affari, prestanome, non ha altro a cui pensare? Si sente minacciato dalle indagini di Di Matteo sulla Trattativa Stato-Mafia? E perché mai?

Ognuno è libero di darsi le risposte che vuole, così come noi ce ne siamo data una.

Ci teniamo a un'ultima notazione in proposito: non è un mistero per nessuno che neanche all'interno del Palazzo di giustizia di Palermo Di Matteo goda – se così si può dire – di «buona stampa». Sono molti i suoi colleghi che arricciano il naso di fronte al pentimento di Vito

Galatolo. Sono gli stessi – lo diciamo per inciso – che si schierarono apertamente contro Antonio Ingroia quando Ingroia si trovò al centro di una violentissima tempesta istituzionale-mediatica che alla fine si risolse con il suo abbandono della magistratura. Sarebbe bene che la deontologia professionale non risultasse mai sacrificata sull'altare di protagonismi e invidie che vorremmo fossero finiti con le tragedie delle stragi di Capaci e via D'Amelio.

A tale proposito va detto che il nuovo procuratore di Palermo, Francesco Lo Voi, avrà subito il suo bel da fare. Sul modo in cui si è arrivati alla sua nomina è stato scritto parecchio, anche su «Antimafiaduemila». Tutto è nato – tanto per cambiare, verrebbe da dire – da un intervento a gamba tesa del capo dello Stato, Giorgio Napolitano, volto a stoppare la candidatura di Guido Lo Forte «reo», anche lui, di coinvolgimento nel processo sulla Trattativa. A farne le spese sono stati – come è noto – sia Lo Forte, sia Sergio Lari, procuratore di Caltanissetta, entrambi molto più titolati di Lo Voi a ricoprire quell'incarico. Napolitano, quando ha voluto (e lo ha voluto spesso durante i suoi due mandati), ha fatto strame di regolamenti, criteri oggettivi, prassi consolidate, in materia di «gestione» della giustizia e della politica. Ma è pur vero che a uscirne con le ossa rotte da questa nomina è l'intero Csm, capace solo di ratificare il diktat di Napolitano, come è altrettanto vero che la presidente della commissione antimafia, Rosy Bindi, che si è sperticata in lodi della procedura adottata dal Csm, ha perduto una grande occasione per stare zitta su materia della quale, all'inizio del suo mandato, lei stessa ammise candidamente di non capirne nulla. E vada steso un velo pietoso su consiglieri laici di provenienza Pd e Movimento 5 Stelle, che a quei giochi si sono supinamente prestati.

Quanto a Lo Voi, dalla poltrona che adesso occupa, saprà cogliere tutte le occasioni possibili per dimostrare di non essere il «normalizzatore» voluto da Napolitano e che molti, invece, stanno paventando. E che se venne designato da Berlusconi in persona per occupare la carica di delegato italiano ad Eurojust, ciò non ha comportato il fatto di essersi legato le mani a vita in ossequio a un pregiudicato che Renzi e Napolitano hanno scelto per ridisegnare i poteri nella nostra Repubblica. Ma è sin troppo ovvio che sarà innanzitutto il processo sulla Trattativa, in un senso o nell'altro, lo snodo principale dei futuri anni della procura nel capoluogo siciliano. Lo Voi – è stato ricordato da più parti – si è distinto, in passato, per «non aver firmato» pagine della storia della procura palermitana che invece andavano firmate e controfirmate: il processo Andreotti e la denuncia appello degli otto sostituti procuratori per cacciare il «capo» Giammanco, all'indomani delle stragi di Capaci e via D'Amelio. Difficilmente, prendendo le distanze in un modo o nell'altro dall'inchiesta sulla Trattativa, Lo Voi potrebbe rivendicare il «gesto» richiamandosi allo spirito volterriano. Lo Voi – di cui conosciamo l'intelligenza – questo lo capisce benissimo da solo, senza bisogno che qualcuno glielo ricordi.

E forse il condannato a morte, nella notte di Capodanno, su questo aspetto farà una riflessione analoga alla nostra.

22 dicembre 2014

Chi sono Loro? E chi siamo noi?
La vera antimafia

Chi sono Loro?

E chi siamo noi?

A noi piacciono i magistrati antimafia quando sono vivi. Quando vengono messi in condizione di svolgere al meglio il loro lavoro. Quando vengono incoraggiati, incitati, sostenuti ad andare avanti. Quando le massime autorità del paese li indicano ai cittadini come esempio di virtù civica e risorsa alla quale attingere per la costruzione di un'Italia migliore. A noi piacciono i magistrati antimafia quando non vengono percepiti come un fardello fastidioso dal quale tenersi alla larga. O, peggio ancora, quando vengono additati come un male oscuro da ostacolare, intralciare, combattere e infangare.

A loro, invece, piacciono i magistrati antimafia solo quando sono morti. Quando le loro vite sono ridotte a lapidi. Con nome, cognome, date di nascita e di morte, l'ultima stazione della loro disperata via crucis. Perché, a loro, piace poter dire che il magistrato morì coraggiosamente nell'adempimento del suo dovere. A noi, no. È così difficile da capire?

Ma chi sono Loro?

Loro sono quelli che sanno solo far finta di niente. Che sanno girare a meraviglia la testa dall'altra parte. Che non sapranno mai dire evangelicamente: sì, sì, no, no. Che stanno eternamente alla finestra per fiutare da che parte soffia il vento. Che non vogliono ricordare. Che non vogliono ricavare lezioni dal passato e dalla storia di quanto accadde. Che pretendono di narcotizzare gli interrogativi, la volontà di cambiamento, lo sdegno, la rabbia di quei cittadini che non ci stanno. Sono Loro. È di loro che stiamo parlando.

Quelli che sono anche riusciti a far finta di niente di fronte alla manifestazione del 14 novembre a Piazza dei Ss. Apostoli a Roma indetta per esprimere solidarietà a Nino Di Matteo. Quelli che sui loro giornali non hanno scritto una riga con la scusa che l'antimafia è cosa vecchia, è una storiaccia che riguarda la Sicilia, ossessione di pubblici ministeri con la sindrome della star, di colpevolisti senza scrupoli, di avventurieri faziosi che non fanno altro che riscaldare una minestra che agli italiani risulta ormai irrimediabilmente indigesta.

Sono sempre loro. Quelli specializzati in anniversari e cerimonie, parate di Stato e ceste di fiori in memoria dei caduti. Quelli che l'antimafia migliore la vedono ben rappresentata da un'interminabile fila di statue. Quelli che non concepiscono l'idea che l'antimafia non debba essere declinata a futura memoria, perché fin quando la mafia non ricorre all'uso delle armi non è necessario scaldarsi più del necessario. Loro amano vivere senza scosse, in un letargo assistito, incartapecoriti nelle loro certezze senza slanci, confidando nella cupa solidarietà di legioni di indifferenti. Sono sempre Loro.

Quelli per i quali, se proprio la mafia s'ha da combattere, la si combattesse pure, ma guai a volersi mettere in testa di volerla sconfiggere per sempre. Perché se in Italia c'è da un secolo e mezzo, non riescono a capacitarsi che a qualcuno sia venuta la bizzarra idea di collocarla in un museo ora che siamo nel terzo millennio.

Sono Loro.

Quelli che simpatizzano con corrotti e collusi, politici pregiudicati, indagati, condannati che siano, affaristi e faccendieri, boss, picciotti, latitanti, colpevoli che magari vengono assolti in un'aula di tribunale, al grido di battaglia: così fan tutti! Perché così e più comodo e rassicurante per quel letargo delle coscienze che semplifica la vita.

E chi siamo noi?

Noi siamo quelli che considerano indegno per l'Italia dovere ancora convivere con la mafia, con le Mafie. Noi siamo quelli che non accetteranno mai, come fosse una calamità naturale, che la Politica sia diventata un indistinguibile impasto avvelenato di legalità e illegalità, di interessi pubblici e interessi privati, di carriere criminali che prevedono anche parentesi lautamente retribuite nei Palazzi del Potere. Noi siamo quelli che reputano inaccettabile che magistrati, poliziotti, carabinieri, agenti della finanza, non possano sfilare nei cortei antimafia o prendere la parola sui palchi della democrazia se non vogliono incorrere nelle sanzioni disciplinari, nei trasferimenti, nella inevitabile rappresaglia dei loro corpi di appartenenza.

Loro?

Sono quelli che affermano che dietro migliaia e migliaia di delitti, di stragi, di attentati, non ci furono mai mandanti. Come fosse esistito in Italia un esercito criminale impazzito che non prendeva ordini da nessuno insanguinando l'Italia per decenni. Quelli che ridacchiano sornioni appena sentono parlare del processo sulla Trattativa Stato-Mafia. Perché, per loro, la Trattativa non ci fu, e si offendono al solo pensiero che qualcuno possa pensare il contrario.

Noi?

Noi siamo molto diversi da loro. Siamo convinti che l'Italia sia popolata da Mandanti impuniti, che sino a oggi l'hanno fatta franca. Noi siamo del parere che non sia mai troppo tardi per scoprire e assicurare alla giustizia i Mandanti di stragi che Loro, una volta per tutte, vorrebbero coprire con il sudario della prescrizione.

Noi siamo quelli che non ridacchiano sornioni al solo sentir parlare di Trattativa, se è vero che persino gli americani si rivolsero ai capimafia di allora prima dello sbarco in Sicilia.

Loro, a noi, ci definiscono irriducibili. Credono, così dicendo, di metterci all'angolo. È vero. Siamo irriducibili. E meno male che c'è un altro irriducibile che risponde al nome di Salvatore Borsellino, alla guida del suo movimento delle Agende Rosse. Guai a noi se non fossimo irriducibili.

E ci siamo chiesti spesso: a cosa ci saremmo dovuti ridurre, ventitré anni dopo le stragi di Capaci e via D'Amelio, se non avessimo più neanche un briciolo di dignità per pretendere ancora la verità su quanto accadde? A cosa ci saremmo dovuti ridurre, per non essere gli irriducibili che siamo orgogliosi di essere, se avessimo accettato a capo chino il comportamento di uno Stato che da un lato fa ponti d'oro a un ventennale stragista mafioso di nome Matteo Messina Denaro, mentre dall'altro chiude in una soffocante cappa di vetro quel Nino Di Matteo, altro inguaribile irriducibile, condannato a morte a reti unificate da un ceffo di nome Salvatore Riina?

Sono gli stessi investigatori che danno la caccia a Matteo Messina Denaro a dichiarare che devono fare i conti con le complicità alte che proteggono il Super Latitante.

Loro fanno finta di non sentire queste dichiarazioni. Noi, che siamo gli irriducibili, ci indigniamo. Loro trovano tutto normale. Noi pretendiamo spiegazioni. E da chi le pretendiamo?

Le pretendiamo dagli stessi che, pur trovandosi ai massimi vertici delle istituzioni, non hanno ancora sentito il bisogno di pronunciare una parola buona all'indirizzo di Nino Di Matteo.

Vedete?

Per loro sono storie distinte e separate quella del Latitante e quella del Pubblico ministero.

Per noi, tutto il contrario: sono facce della stessa medaglia, una medaglia chiamata Italia. Un'Italia dove continuano a muoversi a loro agio quelle menti raffinatissime delle quali Giovanni Falcone, prima di finire assassinato, fece in tempo a intuire la inquietante presenza.

Per loro, quelle menti raffinatissime non sono mai esistite.

Per noi, furono proprio quelle menti raffinatissime che con le stragi di Capaci, via D'Amelio, Roma, Firenze e Milano, vollero troncare per sempre la speranza di milioni di italiani che la mafia potesse essere sconfitta per sempre.

È giunto il momento che le massime cariche dello Stato battano un colpo. E dicano, senza reticenze, senza giri di parole, di fronte a milioni di italiani, se stanno con Loro.

O se stanno con noi.

19 novembre 2015

Nino Di Matteo non ci sta

Beffati i filomafiosi di Stato

Gli imbroglioni sono stati serviti di barba e capelli. Speravano che il gonzo abboccasse. Che si togliesse da solo le castagne dal fuoco. Che decidesse la via della fuga, della resa, del disonore. Volevano farlo diventare una figurina insignificante in questo presepe diroccato dell'antimafia dove ormai si muovono a loro agio soltanto quelli che vanno alla ricerca di un tornaconto personale, politico, di carriera, di soldi, poco importa.

Poi, una volta che se ne fosse andato, togliendo il disturbo, ci avrebbero pensato loro al «trattamento» successivo: avrebbero detto e scritto che aveva «abbandonato» i colleghi; lasciato la nave in fiamme perché il processo sulla Trattativa Stato-Mafia non porta da nessuna parte; scelto la sede di Roma per sete di inguaribile protagonismo.

Ma gli imbroglioni, gli esperti, in fatti di mafia e di antimafia, nel gioco delle tre carte, hanno preso una capocciata. Devono rifare i conti. Avendo le polveri bagnate, dovranno prendersi una pausa di riposo in quella campagna di odio che alimentano ininterrottamente da quasi quattro anni. Loro, uno scenario peggiore, non potevano immaginarlo. Neanche «Il Foglio», che pure in queste cose è specializzato da tempo, e sin dai tempi del pool di Falcone e Borsellino, aveva messo in conto una simile cocente sconfitta. Speravano infatti, e qui ci riferiamo in particolare a certi ciarlatani di Sicilia, che richiamandosi al Leonardo Sciascia dei «professionisti dell'antimafia», tutto si sarebbe messo a posto. Sventurati i nemici dell'antimafia di oggi che sanno solo rifarsi pappagallescamente allo Sciascia di trent'anni fa...

Nino Di Matteo resta a Palermo. Nino Di Matteo resta nel suo ufficio al secondo piano del Palazzo di giustizia, che fu di Falcone e Borsellino. Nino Di Matteo resta pubblico ministero in questo maledetto processo sulla Trattativa che fa tremare istituzioni e poteri forti. Nino Di Matteo ha detto no, con tutto il rispetto del caso, alle sirene del Csm che lo invitavano pressantemente ad andar via. E le stesse sirene che oggi «vogliono salvargli la vita» sono le stesse che in questi due anni, per ben due volte, avevano cestinato le sue richieste di entrare in procura nazionale antimafia adducendo pretesti burocratici e scavalcando il suo curriculum d'eccellenza.

I giochi sono fatti.

Di Matteo non si è mosso e non si muove. Che accadrà adesso? Niente.

La terza commissione del Csm si augura che Di Matteo ci ripensi. Il capo dello Stato, Sergio Mattarella, sin qui non ha detto una parola. Parlerà adesso?

Se dovesse parlare non saremo i soli ad ascoltarlo con interesse.

Solo in un paese come il nostro si poteva far finta – e si può continuare a far finta – di non sapere perché uno dei magistrati più in vista d'Italia è minacciato di morte e condannato a morte. Tanto da chiedere a lui stesso di scappar via. Il motivo, per noi, è chiarissimo: lo Stato italiano non vuole essere processato per i suoi rapporti con la mafia. Gli imbroglioni del gioco delle tre carte e il presepe diroccato dell'antimafia lo hanno capito benissimo anche loro. Anche quelli del «Foglio» lo hanno capito benissimo. Ma tutti preferiscono far finta che Di Matteo sia un alieno del quale sarebbe meglio sbarazzarsi.

In un modo o nell'altro.

Come ai tempi di Falcone e Borsellino.

8 novembre 2016

Nino Di Matteo, che da solo scalò la montagna

Ha scalato la montagna, da solo, nonostante l'infinità di nemici in agguato. Ha stretto i denti per anni, indifferente alle canee vocianti che lo dipingevano protagonista e forcaiolo, visionario e processualmente inconcludente, persecutore incontentabile di politici d'alto lignaggio, colletti bianchi immacolati, alti funzionari dello Stato e blasonati rappresentanti delle forze dell'Ordine e della Patria, addirittura presidenti della Repubblica, che per definizione nessuno dovrebbe scomodare; l'Uomo Simbolo di un processo che non s'aveva da fare: quello in corso a Palermo sulla Trattativa Stato-Mafia. Lui, il diretto interessato, al secolo Nino Di Matteo, anni cinquantasei, venticinque dei quali trascorsi nella magistratura siciliana, non ha fatto una piega. Neanche quando il rullo dei tamburi mafiosi che annunciavano morte e progetti di strage è diventato assordante. Neanche quando si moltiplicavano le intercettazioni telefoniche e ambientali e le rivelazioni dei pentiti che indicavano concretamente l'enorme quantitativo di tritolo messo a disposizione dalle cosche per farla finita, una buona volta, proprio con Nino Di Matteo.

E che non fossero rumors mediatici lo aveva certificato in prima persona quel Gran Ceffo di Cosa Nostra, Totò Riina, che non si era fatto scrupolo di dire che al pm palermitano avrebbe fatto fare «la fine del tonno». Dicevamo che lui, il diretto interessato, non ha fatto una piega. Aggiungiamo anche che non si è piegato.

E non si è mai piegato di fronte alle ingiustizie subite in più occasioni dal Consiglio superiore della magistratura. Oggi i torti vengono riparati. Un riconoscimento pieno da parte dello stesso Csm. Riconoscimento unanime. Infarcito di complimenti e lodi per il lavoro di questo magistrato che da solo ha dovuto scalare la montagna. Non gli è stato regalato niente. Gli è stato riconosciuto il dovuto. Con molto, molto ritardo. Si apprende dai giornali che Di Matteo, pur nominato, alla Superprocura, manterrà il suo incarico di pm nel processo di Palermo.

Se non insorgeranno ostacoli, la migliore opinione pubblica del nostro paese potrà essere fiera di avere sostenuto, nonostante il silenzio infingardo delle istituzioni, un magistrato che non ha fatto una piega.

E non si è mai piegato.

16 marzo 2017

E venne il Giorno del Giudizio

Colpevoli.

Colpevoli per essere scesi a patti con Cosa Nostra.

Colpevoli per aver trattato in nome di uno Stato che mai avrebbe dovuto trattare.

Colpevoli per aver creduto che la divisa che indossavano, gli alamari, le mostrine, gli alti gradi di comando che rappresentavano, li esentassero dal dovere istituzionale di non scendere a compromesso con chi stava riducendo l'Italia a un mattatoio.

Colpevoli di avere fatto pervenire a Silvio Berlusconi e al suo governo le richieste avanzate dalla mafia per porre fine allo stragismo.

Colpevoli, in altre parole, di intelligenza con il nemico.

Le prove, dunque, c'erano.

Le prove erano state raccolte e portate in dibattimento da un ristretto gruppo di pm che non si sono rivelati né visionari, né persecutori incattiviti: Nino Di Matteo,

Vittorio Teresi, Francesco Del Bene, Roberto Tartaglia. E non dimentichiamolo Antonio Ingroia, il quale, per aver creduto per primo da pubblico ministero in quello che sembrava un teorema impossibile, vide le pene dell'inferno.

Le prove hanno retto al vaglio di un dibattimento durato oltre cinque anni.

E persino quando quelle prove erano ancora parziali, inizialmente, avevano convinto il gup di Palermo, Piergiorgio Morosini, ad azionare il disco verde affinché il processo si facesse.

Sentenza choc, quella di Palermo.

Sentenza che lascia impietriti gli imputati e le difese. Sentenza che lascia impietrito quel sistema politico istituzionale che sin quando ha potuto ha frenato, ostacolato, dileggiato questo processo. E la ragione del perché, era chiara agli italiani.

Dispositivo di sentenza, quello della seconda Corte d'assise di Palermo – presidente Alfredo Montalto, giudice a latere, Stefania Brambille, fiancheggiati dai giudici popolari –, che segna uno spartiacque nella storia della Repubblica italiana, segnata, sin dal 1947 dalla strage di Portella della Ginestra.

Pesantissime pene per Mario Mori, Antonio Subranni, Giuseppe De Donno, i carabinieri che aprirono il canale con Cosa Nostra.

Pesantissima pena, per Marcello Dell'Utri, che fece da tramite politico fra Cosa Nostra e Silvio Berlusconi e il suo governo, per venire incontro ai desiderata dei killer stragisti.

E bene sarebbe, ora che di governo se ne deve fare un altro, che si capisse meglio perché il nome di Silvio Berlusconi stia diventando la pietra d'inciampo di queste trattative.

E ancora.

Assolto, totalmente scagionato, Nicola Mancino, che doveva rispondere del reato di «falsa testimonianza». Condannati infine i mafiosi, Leoluca Bagarella e Antonino Cinà; e Massimo Ciancimino, per calunnia nei confronti di Gianni De Gennaro; infine prescritto, in quanto collaboratore di giustizia, Giovanni Brusca.

Leggeremo la sentenza.

Capiremo meglio cosa è emerso da un dibattimento che è stato letteralmente ignorato dai media, televisioni e grande stampa.

Era un processo che faceva paura.

Lo si capiva dall'isolamento che per anni e anni aveva circondato quella che era diventata la figura simbolo di questo processo, il pubblico ministero Nino Di Matteo.

Lo si capiva da quella definizione di «boiata pazzesca» attribuita a un processo che, invece, aveva ottime gambe giuridiche per andare avanti. E faceva specie che, a coniare una contumelia tanto biliosa, fossero stati giuristi, giornalisti e storici di vaglia.

Intanto, disponiamo di un dispositivo di sentenza. E a questo atteniamoci.

Questo dispositivo ci dice che alti carabinieri del Ros e uomini politici si trovarono dalla parte sbagliata nel momento sbagliato. E per ciò, oggi, sono chiamati a pagare. Come fossero cittadini comuni.

Si diceva, infine, che lo Stato non avrebbe mai processato se stesso.

Questo Stato – rappresentato dalla seconda Corte d'assise di Palermo, presieduta da Alfredo Montalto – non solo il processo lo ha celebrato.

Ha avuto anche il coraggio, non da poco nell'Italia di oggi, di dire le parole più scomode che si potessero sentire sull'argomento: la verità su come andarono davvero le cose negli anni delle stragi; stragi in cui, ricordiamolo en passant, persero la vita, fra gli altri, Giovanni Falcone, Francesca Morvillo, Antonio Montinaro, Rocco Dicillo, Vito Schifani, Paolo Borsellino, Emanuela Loi, Walter Eddie Cosina, Vincenzo Li Muli, Claudio Traina, Agostino Catalano, per non parlare delle vittime civili di Roma, Firenze e Milano.

Le pene sono «pesanti». Ma questa non è una sentenza «pesante».

È una sentenza «storica», e non ci vuole molto a capire perché.

20 aprile 2018

Reverse

(ultimi volumi pubblicati)

Giuseppe Borello, Lorenzo Giroffi, Andrea Sceresini
LA SECONDA VITA DI MAJORANA

Adriano Monti con Alessandro Zardetto
NOME IN CODICE SIEGFRIED

Sandra Bonsanti
IL CANTO DELLA LIBERTÀ

Michele Corradino
È NORMALE... LO FANNO TUTTI

Raffaele Fiengo
IL CUORE DEL POTERE

Oliviero Beha
MIO NIPOTE NELLA GIUNGLA

Alessandro Carlini
PARTIGIANO IN CAMICIA NERA

Luigi de Magistris con Sarah Ricca
LA CITTÀ RIBELLE

Ortensio da Spinetoli
L'INUTILE FARDELLO

Luca Landò
LA CURA

Andrea Sceresini
INTERNAZIONALE NERA

Darwin Pastorin
LETTERA A UN GIOVANE CALCIATORE

Lorenzo Pecchi, Gustavo Piga, Andrea Truppo
DIFENDERE L'EUROPA

Amir Issaa
VIVO PER QUESTO

Victoire Dauxerre
SEMPRE PIÙ MAGRE

Michelangelo Pistoletto
OMINITEISMO E DEMOPRAXIA

Tiziana Ferrario
ORGOGLIO E PREGIUDIZI

Beatrice Mautino
IL TRUCCO C'È E SI VEDE

Pino Corrias
NOSTRA INCANTEVOLE ITALIA

Peter Gomez
IL VECCHIO CHE AVANZA

David Bidussa (a cura di)
THE TIME IS NOW

Raffaella Fanelli intervista Maurizio Abbatino
LA VERITÀ DEL FREDDO

Francesco Viviano, Alessandra Ziniti
NON LASCIAMOLI SOLI

Jacopo Fo, Sergio Parini
C'ERA UNA VOLTA LA RIVOLUZIONE

Misteri italiani

Luca Steffenoni
IL CASO PANTANI

Davide Vecchi
IL CASO DAVID ROSSI

Luca Steffenoni
IL CASO TORTORA

Biblioteca

Leon Trotsky
LA VITA È BELLA

don Lorenzo Milani
LA SCUOLA DELLA DISOBBEDIENZA

Antonio Gramsci
ODIO GLI INDIFFERENTI

Arturo Paoli
LA PAZIENZA DEL NULLA

Étienne de La Boétie
DISCORSO SULLA SERVITÙ VOLONTARIA

Piero Calamandrei
LO STATO SIAMO NOI

don Primo Mazzolari
COME PECORE IN MEZZO AI LUPI

Ernesto Rossi
CONTRO L'INDUSTRIA DEI PARTITI

Alexander Langer
NON PER IL POTERE

Shaftesbury
LETTERA SUL FANATISMO

Simone Weil
IL LIBRO DEL POTERE

Jack London
IL SENSO DELLA VITA (SECONDO ME)

Hannah Arendt
DISOBBEDIENZA CIVILE

Narrazioni

(ultimi volumi pubblicati)

Daniele Autieri
PROFESSIONE LOLITA

Dario Fo
C'È UN RE PAZZO IN DANIMARCA

Guido Lombardi, Salvatore Striano
TESTE MATTE

Eleonora Mazzoni
GLI IPOCRITI

Pino Corrias
DORMIREMO DA VECCHI

Andrea Camilleri
CERTI MOMENTI

Dario Fo
RAZZA DI ZINGARO

Wu Ming 5, Francesca Tosarelli
MS KALASHNIKOV

Angelo Ferracuti
ADDIO

Dario Fo
DARWIN

Antonio Manzini
ORFANI BIANCHI

Franco Bernini
A CIASCUNO I SUOI SANTI

Giovanni F.
SE HAI SOFFERTO PUOI CAPIRE

Mauro Corona, Luigi Maieron
QUASI NIENTE

Antonio Ferrari
IL SEGRETO

Andrea Caschetto
COME SE IO FOSSI TE

Bachtyar Ali
L'ULTIMO MELOGRANO

Maurizio Maggiani, Luigi Verdi
SEMPRE

Luciano Funetta
IL GRIDO

Luigi Maieron
TE LO GIURO SUL CIELO

Marco Archetti
UNA SPECIE DI VENTO

Violetta Bellocchio
LA FESTA NERA

Luca Rastello
DOPODOMANI NON CI SARÀ

Sunjeev Sahota
L'ANNO DEI FUGGIASCHI

Marino Magliani
PRIMA CHE TE LO DICANO ALTRI

Finito di stampare
nel settembre 2018 presso
Grafica Veneta - via Malcanton 2, Trebaseleghe (PD)